해 위의 삶

해 위의 삶

지나가는 세상에서 의미 있는 삶을 추구하기

박민희 지음

드림북

추천사

박민희 목사의 새로운 책 "해 위의 삶"을 추천하게 되어서 감사하게 생각합니다. 본서는 전도서에 대한 묵상에 근거해서 적은 책입니다. 박민희 목사와 오랜 시간 함께 공부하며 교제하며 지켜본 저로서는 학자로서 그리고 목회자로서의 그의 삶과 고민이 녹아있는 책이기에 기쁜 마음으로 추천합니다.

박민희 목사는 오랜 시간 동안 구도자적인 자세로 신학 전반에 대한 많은 독서와 신앙의 문제들에 대한 깊은 탐구와 고민을 해 왔습니다. 그래서 이 책은 비록 학문적인 깊은 내용을 다루지는 않지만 그럼에도 세상을 살아가는 모든 신앙인들에게 그들이 고민했던 문제들을 함께 고민하며 전도자의 메시지에 근거해서 그 답을 찾아가고 있습니다.

전도자가 말하는 것처럼 해 아래의 세상을 살아가는 사람들은 자신 앞에 놓여있는 다양한 문제들 앞에서 씨름하고 있습니다. 저자는 이 책을 통해서 해 아래의 세상을 살아가는 모든 사람들에게 해 위의 시선 속에서 자신의 모습을 돌아보게 만듭니다. 물론, 단순히 전도자의 메시지만을 다루는 것이 아니라 전도자의 메시지를 전달하는 과정 속에서 그가 그동안 읽어왔던 많은 신학자들과 세속 인문학이나 철학에 관련된 다양한 저자들의 글들을 인용합니다. 그것을 통해서 독자들이 각 문제들에 대해서 더 잘 이해할 수 있도록 돕고 있습니다.

전도자의 고민은 그 자신이 삶의 현장에서 부딪치는 이해할 수 없고 불합리해 보이는 많은 문제들을 탐구한 것에 근거하고 있습니다. 그래서 이 책은 그 문제들을 함께 탐구하면서 신앙인뿐만 아니라 신앙이 없는 사람이나 혹은 초신자들의 고민에 대해서 하나님의 진리에 근거한 답을 주는 기독교 변증적인 역할을 하고 있습니다. 그렇기에 이 책은 인생의 다양한 문제들을 진지하게 고민하는 사람들에게도 많은 도움을 주는 동시에 그것을 통해서 참된 인생의 의미를 발견하고 지혜의 근원이 되시는 하나님을 바라볼 수 있게 만들 것입니다.

오늘날 현대인들은 복잡하고 혼란스러운 시대를 다양한 인생의 고민과 함께 힘들게 살아가고 있습니다. 그런 모든 사람들에게 하나님의 지혜를 담고 있는 이 책을 기쁜 마음으로 추천합니다.

2019년 8월 14일

김혁기 목사(토론토 사랑의 교회 담임목사, 구약학 박사)

서언

사람들이 살아가면서 흔히 하는 말 두 가지가 있다. 하나는 '세월
이 참으로 빠르다'고 하는 것이다. 이것은 대부분의 사람이 경험적으
로 공감하는 말이다. 시인은 이러한 우리들 삶의 특성과 관련하여 '우
리의 평생이 순간에 다하고 우리의 칠팔십의 연수가 날아가듯 신속히
간다'(90:9-10)라고 표현한다. 우리는 나이가 들어갈수록 더욱 절실하
게 그것을 느끼게 된다.

다른 하나는 그러한 시간의 흐름에서 기인하는 마음상태인 '인생이
허무하다'는 것이다. 인생의 허무함은 모든 사람이 살아가면서 느끼
는 보편적인 현상이다. 살다보면 누구나 한두 번쯤은 인생이 참으로
허무하다는 생각이 들게 마련이다. 신학자 폴 틸리히(Paul Tillich)의 표
현방식을 빌려 말하자면(그는 이렇게 말했다. "인간은 고독하다. 왜냐하면 그는 인간
이기 때문이다"), 인생은 허무하다. 왜냐하면 그것은 인생이기 때문이다.

인생이 허무하다는 느낌이 드는 것은, 인생은 유한하고 이 세상은
지나가고 변하는 세상이며, 이 세상의 모든 것은 일시적이기 때문이
다. 우리는 그 과정에서 필연적으로 덧없음을 느끼게 된다. 허무함은

이러한 유한함, 지나감, 변함 그리고 일시성에서 온다. 시간이 흐를수록 모든 것은 변하고 인간은 매일 죽음에 한걸음 또 한걸음 더 가까이 간다. 일시적인 것들을 대표한다고 볼 수 있는 푸르른 풀은 마르고 아름다운 꽃도 시든다. 그 속에서 우리는 허무함을 느낀다. 그것이 인간의 실존이다. 인간 실존의 끝인 죽음과 무덤 앞에서 허무하다고 느끼지 않을 인생이 어디 있겠는가! 모든 것이 변하고 지나가는 일시적인 세상에서 인생의 무의미를 느끼지 않을 인생이 어디 있겠는가! 이런 점에서 볼 때, 실존주의 철학자들의 가르침은 매력을 느낄 만하고 호소력이 있다.

그렇다면 그것이 전부인가? 인생의 허무함을 벗을 수 있는 길은 없는가? 모든 것이 무의미하게 느껴지는 세상에서 의미를 말할 수 있는 것은 없는가? 이 작은 책은, 저자 자신이 해 아래 이 세상의 모든 것의 헛됨을 느끼면서 헛되지 않은 것, 무의미하게 느껴지는 세상에서 의미 있는 것을 추구하는 전도서를 바탕으로 이 문제를 탐구한다.

전도서는 인생철학을 다룸과 동시에 그것을 넘어 인생신학을 다룬다. 진리에 대한 추구와 지혜에 대한 사랑을 뜻하는 철학은 탐구적 물음이고, 하나님에 대한 연구 또는 지식을 뜻하는 하나님학으로서의 신학은 계시적 응답이다. 전도서 기자는 인간의 일반적인 실존 현상을 있는 그대로 살피면서 독자의 눈을 하나님께로 향하도록 하고 있다. 인간 삶의 허무성을 직시하고 그것을 토대로 하나님 안에서 인간 삶의 의미성을 찾고 또한 하나님을 섬기도록 이끌어 주는 것이다. 그것이 바로 전도서의 기록 목적이다.

이 작은 책이 인간의 허무한 마음을 의미로 채우시는 일을 하시는 하나님의 역사에 의미 있고 귀하게 쓰임받기를 소원한다.

감사할 분들이 여럿 있다. 먼저, 지난 10여 년간 '글로 믿음의 세계를 스케치하는 나의 글목회'를 귀하게 사용해 주신 하나님께 감사하며 계속해서 아름답게 쓰임받기를 바란다. 다음으로, 지난 20여 년간 인생길을 함께 걸으며 큰 힘과 위로가 되어 주고 있는 아내 권민영과 하나님이 우리 가정에 보내주신 유진, 현서 그리고 지안에게 감사한다. 아빠로서 제대로 해준 것이 없음에도 불구하고 멋지게 잘 자라주었다.

그리고 나의 문서사역에 도움을 주면서 하나님의 나라와 그분의 교회를 위해 함께 수고하는 목회자들과 교회들에게 감사한다. 김광세 목사님과 서천중앙교회 성도님들, 문광호 목사님과 평강교회 성도님들, 박성호 목사님과 상도교회 성도님들, 김재성 목사님과 큰나무교회 성도님들 그리고 배재영 목사님과 복의 근원교회 성도님들에게 진심으로 감사한다. 이분들의 따뜻한 사랑의 손길은 나의 문서사역에 아주 큰 힘이 되고 있다.

뿐만 아니라 김명채 목사님과 명덕교회 성도님들, 안도환 목사님과 피터보로 바울선교교회 성도님들, 전병권 목사님과 신현제일교회 성도님들 그리고 아주 오랜 벗인 〈샤론일렉콤〉 김만석 대표에게 진심어린 감사를 드린다. 이분들은 '지성과 인성과 영성을 겸비한 좋은 학자 또는 전문가'와 '이해를 추구하는 신앙의 사람들'을 연결시켜 그들이 좀 더 깊이 있는 신앙이해를 통해 시대 속에 더 충실한 그리스도인들로 형성되고 살아가도록 두 그룹을 이어주는 가교역할을 하기 위해 필자가 소장으로 있는 〈청지기신학연구소〉 주최로 2018년부터 시작한 〈청지기신학강좌〉가 잘 개최되고 진행될 수 있도록 사랑과 도움의 손길을 주고 있다.

그리고 추천사를 써 준 김혁기 목사님에게 감사의 말을 전한다. 오랜 동안 사랑의 교제를 나누어 온 김 목사님은 신실한 목회자요 좋은 구약학자로서 이 책이 학문적인 책이 아님에도 추천의 말을 써 달라는 요청에 주저함 없이 정성껏 써 주었다. 내 마음의 생각이 추천사에 그대로 담겨 있다. 진심으로 감사한다.

끝으로, 부족한 글인데도 늘 흔쾌히 출판을 맡아주시는 드림북출판사의 민상기 사장님께도 감사의 마음을 전한다. 짧지 않은 시간 속에서 동역자의 마음으로 함께 문서사역을 해 가고 있다. 우리 두 사람에게 소원을 주시고 행하게 하시는 하나님의 기쁘고 선하신 뜻과 계획이 계속해서 아름답게 열매를 맺어가기를 간절히 바란다.

2019년 8월 15일

박 민 희

서론 / 헛된 삶 그리고 의미 있는 삶

전해들은 이야기이다. 한 중소기업을 경영하던 어느 50대 사업가가 어느 날 의사로부터 말기 암에 걸려 얼마 살지 못할 것이라는 비보를 듣게 되었다. 그리고 의사의 말대로 얼마 있지 않아 세상을 뜨고 말았다. 그는 죽어가면서 아내에게 이렇게 말했다고 한다. "나는 왜 태어난 걸까?"

그는 보통의 사람들처럼 학창 시절을 보내면서 열심히 공부하여 대학에 들어갔고 대학에서도 미래를 준비하면서 열심히 공부했다. 졸업 후에는 성실히 일을 하면서 열심히 살았고 나름 어느 정도의 사업적 성취를 이루어 좀 더 큰 꿈을 꿀 수 있는 나이가 되었을 때 갑작스런 비보를 듣게 된 것이다. 그리고는 자신이 왜 태어났는지 그리고 삶의 목적이 무엇인지에 대한 답을 얻지 못한 채 쓸쓸하게 이 세상을 떠나갔다. 많은 사람들이 그렇게 하듯이 말이다.

그가 이 세상을 떠나가기 전에 남긴 말 "나는 왜 태어난 걸까?"라는 물음을, 죽을 때가 아닌 훨씬 전에 물었더라면, 더욱이 젊은 날에 물었더라면 아마도 죽음에 임해서는 다른 말을 남길 수 있지 않았을까 생각해 본다.

인간의 원초적인 물음

사람이라면 누구나, 아니 정상적인 사고를 하는 사람이라면 생의 어느 순간에 또는 죽음의 순간에 그 사업가처럼 이렇게 묻게 된다. "나는 왜 태어난 걸까?" "인생이란 무엇인가?" 그것은 자의식을 지닌 존재로서 사유하는 인간의 원초적이고 근본적인 물음이다. 이러한 인생의 문제를 노래에 담은 것이 고 최희준 씨가 부른 〈하숙생〉이라는 노래이다. 그 노래의 가사는 이렇다.

> 인생은 나그네 길 어디서 왔다가 어디로 가는가
> 구름이 흘러가듯 떠돌다가는 길에 정 일랑 두지말자 미련일랑 두지말자
> 인생은 나그네 길 구름이 흘러가 듯 정처 없이 흘러서 간다.
> 인생은 벌거숭이 빈손으로 왔다가 빈손으로 가는가
> 강물이 흘러가 듯 여울져 가는 길에 정 일랑 두지말자 미련일랑 두지말자
> 인생은 벌거숭이 강물이 흘러가 듯 소리 없이 흘러서 간다.

하숙생은 어느 곳에 일정 기간 잠시 머무는 인생이다. 때가 되면 다른 곳으로 떠나가야 한다. 그가 머물고 묵는 곳은 일시적인 거처이다. 자기 집이 아니다. 그저 주막과 같은 곳이다. 그래서 하숙생으로서의 인간은 나그네이고 그의 삶의 여정은 나그네 길이다. 말 그대로 정처 없이 떠도는 것이다.

나그네로서의 자기 정체성이 지니는 가장 큰 문제는 자기가 어디서 와서 어디로 가는지 모른다는 것이다. 어느 날, 이 세상에 와서 그저 흐르는 시간과 함께 한없이 흘러가다 어느 순간 나뭇잎처럼 쓸쓸히 져가는 것이다. 그것이 나그네 운명이고 나그네의 삶이다. 그에게는 멈춰지지 않는 "나그네 설움"이 있다.

백년설 씨는 〈나그네 설움〉이란 노래에서 "나그네 설움"을 이렇게 노래했다.

오늘도 걷는다마는 정처 없는 이 발 길 지나온 자욱마다 눈물 고였다.
선창가 고동소리 옛님이 그리워도 나그네 흐를 길은 한이 없어라.

정처 없이 걸어가는 것이 나그네 설움이다. 나그네는 집이 없는 사람이다. 머물 곳이 없는 사람이다. "정처"란 말은 일정한 처소를 말한다. 그러니까 나그네는 일정한 처소가 없다. 그래서 그저 구름처럼, 강물처럼 계속해서 흘러간다. 방랑하고 떠돈다. 그것이 나그네 인생이고 나그네 설움이다.

인간의 원초적 물음에 대한 하나의 대답

"나는 왜 태어난 걸까?" 인간의 삶은 그 물음에 대한 자기 대답에 따라 각기 다르게 영위된다. 인간이 유신론적 관점에서 신(또는 하나님)이 자기를 존재하게 했고 또 삶의 이유와 목적에 맞게 살아가도록 의도되었다고 믿으면, 그의 삶은 자신의 믿음에 따라 일정한 방향을 지향하게 된다. 그리고 그러한 삶을 통해 기쁨을 얻고 의미를 느끼게 된다. 왜냐하면 "유신론은 인간이 의미와 중요성을 찾을 수 있는 준거 틀을 제공"하기 때문이다(제임스 사이어).

반면에 자신의 존재가 무신론적 관점에서 우연히 생기게 되었다고 믿으면, 그는 삶의 이유와 방향을 스스로 선택하고 자기가 원하는 대로 살아가게 된다. 일종의 자연주의적 세계관에 따라 진화론적으로 살아가게 된다. 그러나 그러한 삶의 방식은 인간으로 하여금 살아갈수록 공허함과 헛됨을 느끼게 하고 급기야는 허무하게 인생의 뒤안길로 사라지게 된다. 많이 가졌든, 적게 가졌든, 많이 이루었든, 적게 이루었든, 많이 배웠든, 적게 배웠든 상관없이 그렇게 된다.

존재와 삶 그리고 세계에 대한 무신론적 관점은 내적 공허감과 외적 황폐함으로 귀결된다. 이것은 모든 인간이 경험적으로 아는 것이다. 내적 공허감과 외적 황폐함은 신 없이 살아가는 인간이 필연적으로 경험하게 되는 운명적인 것이다. 우리는 그러한 예를 한 무신론자의 경험에서 볼 수 있다.

스위스 출신 영국 작가이자 유명한 무신론자인 알랭 드 보통(Alain

de Botton)은 "세속 세계는 구멍으로 가득하며 종교로부터 배워야 할 점이 있다"고 말하면서 무신론자, 곧 신 없이 살아가는 사람이 되는 새로운 방법을 소개했는데, 그것은 "무신론 2.0(Atheism 2.0)"이라고 불린다. 그에 따르면, "현재의 세속 무신론은 사람들을 공허하게 만든다." 그래서 그는 신이라는 것은 불합리하다고 여기면서도 종교는 세속적 무신론이 제공하지 못하는 여러 혜택들, 곧 사람들이 필요로 하는 공동체, 도덕성, 초월적 존재와의 관계 등을 지니고 있다고 본다(크리스천투데이 2013년 1월 8일자).

그의 말이 아주 모순적이긴 하지만(신을 인정하지 않으면 도덕성이나 초월적 존재와의 관계는 그 근거를 상실하기 때문이다), 무신론자의 입에서 그런 말이 나왔다는 것은 무신론이 지니는 한계가 분명함을 나타낸다. 무신론자가 무신론의 문제점을 지적한 것이다.

신 없는 인생이 경험하는 분명한 증상들 중 하나는 내적 공허감, 곧 마음의 구멍이다. 바통의 말로 하면, "수 없이 구멍 난 삶"을 가질 수밖에 없다. 그로 인해 외적 황폐감이 초래되는데, 왜냐하면 행동은 마음의 표현이어서 구멍 난 마음에서는 필연적으로 구멍 난 삶 또는 행동 밖에 나올 수 있는 것이 없기 때문이다. 마음에 담을 수 있는 절대 진리가 없다면 생활 속에서 도덕성과 도덕적 삶은 자리를 잃게 된다.

오늘날 인간의 삶은 더욱 무의미와 허무의 안개가 짙게 드리워져 있다. 오늘날 많은 사람들이 텅 빈 가슴을 부여잡고 고통스럽고 공허하게 살아간다. 그 공허함을 달래기 위해 세상적인 것들로 채우려고 하지만 계속해서 더욱 공허해지는 모순을 경험한다. 그들의 삶은, 그들의 세계는 커다랗게 구멍이 나 있다. 마음의 블랙홀이 모두 다 흔적 없이 빨아들인다. 그래서 아무리 채워도 채워지지 않는다. 깨진 독에 물을 붓듯이 말이다.

그러면 이러한 문제에서 벗어나려면 우리는 무엇을 어떻게 해야 하는가? 무신론자 보통의 해법은 "종교로부터의 배움"이다. 그러나 종교 자체로는 결코 구멍 뚫린 가슴을 막을 수 없다. 왜냐하면 종교는 인간 자신이 만든 자기 초월의 욕구 또는 의존 감정이기 때문이다. 그래서 우리는 보다 더 구체적이고 혁신적이며 본질적인 해결책을 찾을 필요가 있다. 구멍 난 가슴을 온전히 메울 수 있고 덮을 수 있는 완전한 덮개, 목마른 가슴을 시원하게 적실 수 있는 마르지 않는 샘물이 필요하다.

실제로, 많은 현대인이 의미를 결여하고 있다. 오늘날은 의미 상실의 시대다. 그래서 많은 사람들이 의미를 찾아 헤맨다. 이 문제와 관련하여, 도로시 J. 퍼니쉬(Dorothy Jean Furnish)는 이렇게 말한다. "오늘날 인류에게 큰 문제는 삶을 위한 의미를 발견하는 것이다. 어린이들을 포함하여 모든 사람은 이 문제에 몰두한다."

그러면 우리는 그러한 것을 어디에서 찾고 얻을 수 있을까? 그런 것을 얻는 것이 가능한가? 아니, 그런 것이 있기는 한가? 성서는 우리에게 '그렇다'고 분명하게 말한다. 그러므로 우리는 그 문제에 대한 답을 얻기 위해서 다시금 성서로 돌아갈 필요가 있다. 여기서 우리는 성서로 돌아가서 그것에 대해 함께 탐구해 보려고 한다.

성서에서 인생의 무의미와 의미, 인생의 공허와 충만 둘 다를 실제적으로 다루는 책은 전도서이다. 우리는 전도서를 읽고 묵상하는 가운데 삶의 의미와 풍성함을 찾는 비결을 얻을 수 있다. 전도서는 그 문제를 다루고 있기 때문이다.

전도서는 "해 아래의 삶"에 대해서, 그리고 해 아래의 삶의 헛됨과 허무에 대해서 말한다. 역설적이게도 그것은 "해 위의 삶"을, 그리고 해 위의 삶의 의미를 내포한다. 왜냐하면 전도자가 해 아래의 삶을 말하는 것은 궁극적으로 해 위의 삶을 이야기하려는 것이기 때문이다.

이 책은 그런 의도를 담고 있다. 전도자의 말에 귀를 기울이면서 우리들 삶의 의미와 풍성함의 문제를 함께 성찰해 가고 또 그러면서 어떻게 하면 우리들 가슴에 의미로 꽉 찬 삶을 추구해 갈 수 있는지를 탐구하는 것이다.

인생의 창조자 하나님이 허무와 허탈을 느낄 수 있는 우리의 가슴에 "해 위의 삶"에 대한 열망을 일으키심으로써 해 아래에서 좀 더 복되고 힘차고 희망찬 삶을 살아갈 수 있기를 위해 기도한다.

전도서는 구약성서의 구분상 지혜문학(Wisdom Literature)에 속한다. 구약성서에서는 세 권의 책이 지혜문학에 속하는데, 욥기, 잠언 그리고 전도서가 그것이다.

지혜문학에 속하는 욥기, 잠언 그리고 전도서를 제외한 구약의 모든 책들은 그 바탕이 신앙고백적이다. 곧 이스라엘 백성이 자신들의 독특한 역사 속에서 야웨 하나님에 대해 체험한 신앙 경험에 근거하여 형성되고 전해지고 기록된 것이다. 그 중심에는 역사 가운데 활동하시는 창조와 구속의 주 야웨 하나님이 계신다.

반면에 지혜문학은 기본적으로 그와 같은 신앙 경험에 근거하여 신앙고백적으로 기록되었다기보다는 오히려 인간의 이성과 경험에 근거하여 자신들의 삶 속에서 제기되는 일반적인 삶의 문제들에 대한 답을 찾으려고 하는 것이었다(고대의 지혜문학들은 단순히 "이론"이 아니라 "현실적이고 경험적인 것들"을 다루었다[윌리엄 S. 라솔 외]). 물론, 지혜문학도 하나님 신앙을 가진 사람들의 추구였기 때문에 궁극적으로는 신앙고백적으로 귀결되지만, 그 바탕은 인간의 이성과 경험 그리고 관찰적 탐구를 중시하고 활용했다.

지혜문학으로서의 전도서

지혜문학의 한 책으로서의 전도서는 그런 전통에 서 있어서 이 세상의 현상과 인생의 의미에 대해 이성적 탐구를 추구한다. 그 분위기는 오늘날 많은 사람들이 느끼는 것처럼 상당히 사변적이고 회의주의

1.
전도자와 전도서:
그 기본적인 이해

적이며 허무주의적이다. 그래서 트렘퍼 롱맨(Tremper Longman III)과 레이몬드 딜러드(Raymond Dillard)는 "전도서는 마치 우리 시대를 염두에 두고 쓰인 책 같은 느낌을 준다"고 말한다. 또한 월터 브루그만(Walter Brueggemann)은 이렇게 말한다. "분명한 것은 전도서가 보편적으로 구약 신앙에서 동의된 것에 반하여 강력한 반대자의 위치에 서 있다는 점이다…대체로 이스라엘의 신앙의 핵심으로 받아들여지고 있는 가르침에 이 가르침을 조화시키는 것은 불가능하다."

하지만 결국에는 확신적이고 의미적으로 전환된다. 하나님 없는 삶의 회의성과 허무함이 하나님 있는 삶의 확실성과 의미성으로 바뀌는 것이다. 그래서 우리는 전도서를 읽어가면서, 살아갈수록 그리고 나이 들어갈수록 공감하게 되는 이 세상과 인간 삶의 일반적인 모습을 확인하게 되면서도 결국에는 희망적 전망을 만나고 갖게 된다. 왜냐하면 전도서는 하나님 안에서만 발견할 수 있는 의미와 희망을 전하고 있기 때문이다.

실제로, 인간은 창세기의 앞부분과 전도서를 젊은 나이에 읽을수록 의미 있는 삶을 위한 바른 선택을 할 수 있는 통찰력을 얻을 수 있는 가능성이 그 만큼 높다고 말할 수 있다.

전도서와 그 책의 저자

히브리어 성서에서 전도서는 코헬렛(Koheleth)이라고 불린다. 이 말은 전도자 또는 설교자라는 의미이다. 그리고 히브리어 성서가 히브리어를 알지 못하는 사람들을 위해 헬라어로 번역이 될 때, 이 책의 제목이 에클레시아스테스(Ekklesiastes)로 번역되었고 그것이 영어의 책 제목(Ecclesiastes)이 되었다.

그러면 전도서는 누가 썼는가? 일반적으로 전통적인 입장에서는 전도서 1장 1절의 "다윗의 아들 예루살렘 왕 전도자의 말씀이라"는 진술에 근거하여 솔로몬이 쓴 것으로 받아들여지고 있다. 그러나 잠언 1장 1절의 "다윗의 아들 이스라엘 왕 솔로몬의 잠언이라"는 진술이나 아가서 1장 1절의 "솔로몬의 아가라"는 진술처럼, 전도서의 코헬렛이 솔로몬이 맞는다면 굳이 익명이나 가명을 사용했을까 라는 물음이 제기된다.

특히, 종교개혁자 마르틴 루터(Martin Luther)를 비롯한 여러 학자들은 솔로몬의 저작을 부인한다. 그리고 전도서를 읽어보면 코헬렛이 솔로몬이 아니라는 것을 보여주는 단서들을 보게 된다(롱맨·딜러드). 내적인 증거들로 판단해 보면, 솔로몬과 코헬렛의 관계에 의심을 갖게 만든다. 왜냐하면 전도서에는 두 개의 목소리가 있기 때문이다.

물론, 여전히 전통적인 관점에서 솔로몬의 저작을 주장하는 사람들도 적지 않고 전체 내용적으로 보면 솔로몬과 깊은 관련이 있다고 여겨지기도 한다. 하지만 윌리엄 라솔(William S. LaSor)과 그의 동료들은 이렇게 말한다. "솔로몬 왕이 전도서를 지었다고 말하는 것보다는 그렇지 않다고 말하는 것이 훨씬 더 쉽다. 저자는 다른 지혜자들의 견해들이나 그들이 귀중히 여기는 것들에 대해서 열심히 도전하고 있는 한 현자임이 틀림없다. 그러나 그가 누구이며 그가 어디에 살았느냐 하는 것은 알려져 있지 않다."

그러면 왜 코헬렛은 자신과 솔로몬 왕을 연결시켰는가? 그것은 "가장 단순한 답은 문학적인 효과를 얻기 위한 것이라는 것"이며, 어떤 의미로 보면 솔로몬 왕은 전도자가 평가하려고 했던 "삶의 한 본보기"라고 할 수 있기 때문일 것이다. 당시의 현자들이 추구했던 가치들은 "지혜, 즐거움, 부, 영향력, 업적"과 같은 것들이었는데, 전도자는 그런 것들이 지닌 한계를 보여주기를 원했고 솔로몬은 그런 것들에 대한 최고의 본보기였다(라솔 외).

그러므로 우리는 전도서의 저자의 문제와 관련하여 롱맨·딜러드와 함께 "구약의 다른 많은 책들과 마찬가지로 우리는 이 책의 저자의 이름이 무엇인지를 모른다"라고 말하는 것이 적절할 것이다. 그렇다고 해서 이런 진술이 결코 정경으로서의 성서를 구성하는 한 책으로서의 전도서의 권위를 훼손하거나 떨어뜨리지 않는다. 왜냐하면 궁극적으로 성서의 원저자는 성령 하나님이시고 인간은 그분의 도구로서의 저자이기 때문이다.

우리는 이 글을 전개해 갈 때 저자를 솔로몬으로 칭하지 않고 그냥 전도자(코헬렛)로 명명해 갈 것이다.

전도서의 의도와 목적

롱맨과 딜러드가 말하는 것처럼, "전도서는 충격적인 책이다." 하나님이 인간에게 주신 선물로서의 삶을 노래하고 감사하기보다는 그것의 가치를 폄훼하고 부정하기 때문이다. 인간이 추구하는 모든 것이 무의미하고 공허하며 허무하다는 것이다. 그러나 전도서를 그렇게만 이해하는 것은 잘못된 것임에 틀림없다. 왜냐하면 전도서는 결코 허무주의나 염세주의를 말하려는 것이 아니기 때문이다. 전도자는 인간의 삶 자체를 부정한다기보다는 삶의 본질을 벗어난 삶의 허무와 무가치를 말하고 있다. 하나님이 없는 인생, 하나님을 떠나서 인간이 추구하는 모든 일들과 노력이 허무하다는 것이다.

사실, 전도서는 인간 삶의 가치, 더 정확히 말하면 하나님 안에 있는 인간 삶의 가치를 노래한다. "사람이 먹고 마시며 수고하는 것보다 그의 마음을 더 기쁘게 하는 것은 없나니 내가 이것도 본즉 하나님의 손에서 나오는 것이로다"(2:24). 인간 삶의 참된 만족과 기쁨은 하나님의 손에서 나온다. 그래서 하나님의 손을 떠난 인간의 삶은 진정으로 만족과 기쁨이 없다.

앞에서 우리는 전도서는 지혜문학에 속하는 성서의 한 책이라고 말했다. 지혜문학이 말하는 참 지혜는 "하나님을 경외하는 것"이다. 그래서 잠언 기자는 "여호와를 경외하는 것이 지혜의 근본이요 거룩하신 자를 아는 것이 명철이니라"(9:10)고 말했고, 전도자 자신도 자신의 모든 말을 마무리하면서 결론적으로 "일의 결국을 다 들었으니 하나님을 경외하고 그의 명령들을 지킬지어다 이것이 모든 사람의 본분이니라"(12:13)고 말했다. 그런 이유로, 시인은 이렇게 노래했다. "여호와를 경외함이 지혜의 근본이라 그의 계명을 지키는 자는 다 훌륭한 지각을 가진 자이니 여호와를 찬양함이 영원히 계속되리로다"(111:10).

전도서는 궁극적으로 인간으로 하여금 하나님을 믿고 경외하며 그분의 명령을 지키는 삶을 살도록 이끌어주는 것이 그 목적이다. 하나님을 섬기는 것은 그분의 모든 피조물이 해야 하는 의무이다. 누구도 예외가 없다. 그런 삶을 사는 사람은 지혜로운 사람이다.

지혜로운 사람은 여호와를 경외한다. 의미 있는 삶을 추구하는 사람은 여호와를 경외하면서 그 안에서 자신에게 주어진 삶을 누린다. 훌륭한 지각을 지닌 사람은 여호와를 경외하고 찬양하면서 인생길을 걸어간다. 그런 사람만이 사도 바울처럼 "나는 선한 싸움을 싸우고 나의 달려갈 길을 마치고 믿음을 지켰으니 이제 후로는 나를 위하여 의의 면류관이 예비되었"(딤후 4:7-8)다고 말하면서 인생의 마지막 순간에 소망을 가지고 눈을 감을 수 있다. 여호와를 경외하면서 그런 삶을 살다가 그분의 품에 안기는 사람은 진정 복되다.

2.
전도자가 삶에
대해 생각하다

 철학자 아리스토텔레스(Aristotle)는 "인간은 사회적 동물(social animal) 이다"라고 말했지만, 그러나 인간은 결코 동물이 아니다. 인간이 동물이라면 인간의 존재방식과 삶의 방식은 오직 본능에 따라서만 영위되어야 한다. 그러나 본능 이상의 것-윤리·도덕적인 것, 영적인 것 등-을 추구하는 인간의 삶은 자체로서 인간이 동물이 아님을 증명한다.

 인간은 인간이고 동물은 동물일 뿐이다. 인간은 결코 동물이 될 수 없고 동물도 결코 인간이 될 수 없다. 인간은 이성적 능력을 지니고 있는 반면에, 동물은 본능적 감각을 지니고 있다. 창조주 하나님과 피조물인 인간 사이에는 존재론적으로 메워질 수 없는 질적인 차이가 있는 것처럼, 비록 인간과 동물이 하나님의 피조물이기는 하지만 그 둘 사이에도 존재론적으로 메워질 수 없는 질적인 차이가 있다. 하나님이 그렇게 만드셨기 때문이다(창 1:23-28).

인간과 성찰하는 삶

인간은 스스로 "인간이란 무엇인가?" "인생이란 무엇인가?" "산다는 것은 무엇인가?"라고 묻고 그 물음에 대한 답을 추구한다. 그것은 인간으로서 본질적인 탐구이다. 반면에 동물은 그러한 자기 물음과 추구가 없다. 시인은 인간과 동물의 차이를 이런 식으로 읊었다.

> 주의 손가락으로 만드신 주의 하늘과 주께서 베풀어 두신 달과 별들을 내가 보오니 사람이 무엇이기에 주께서 그를 생각하시며 인자가 무엇이기에 주께서 그를 돌보시나이까 그를 하나님보다 조금 못하게 하시고 영화와 존귀로 관을 씌우셨나이다 주의 손으로 만드신 것을 다스리게 하시고 만물을 그의 발 아래 두셨으니 곧 모든 소와 양과 들짐승이며 공중의 새와 바다의 물고기와 바닷길에 다니는 것이니이다.(8:3-8)

인간은 다스리는 존재이다. 왕으로서 세상 만물을 다스리시는 창조주 하나님이 그에게 다스리는 권세를 위탁하셨기 때문이다(이 다스림은 주권적 다스림이 아니라 하나님의 뜻과 다스림에 근거한 청지기적 다스림이다. 우리 인간은 주인[owner]이 아니라 청지기[steward]이기 때문이다). 반면에 동물은 다스림을 받는 존재이다. 이것은 하나님이 우주 만물을 창조하실 때 본래적으로 구분해 놓으신 운명적이고 결정적인 것이다. 하나님은 인간을 자신의 형상을 따라 지으셨지만 동물은 자신의 형상을 따라 짓지 않으셨다(창 1:20-27).

하나님의 형상을 지닌 존재로서 인간은 자기 인식적 존재이다. 그래서 인간은 자신과 자신의 삶에 대해서 묻고 탐구할 수 있다. 독일 신학자 위르겐 몰트만(Jürgen Moltmann)이 말하는 것처럼, 인간만이 "인간이란 무엇인가?"라고 묻는다. 반면에, 동물은 결코 "동물이란 무엇인가?"라고 묻지 않는다. 아니, 그렇게 물을 수 없다. 동물에게는 그런 지적 능력이 없기 때문이다.

이렇듯, 인간과 동물 사이의 가장 큰 차이점들 중 하나는 이성적 사고이다. 비판적 성찰이다. 탐구 능력이다. 인간은 창조주 하나님으로부터 부여받은 자신의 고유한 특성인 이성에 근거하여 비판적으로 또는 비평적으로 사고할 수 있고 또 추론할 수 있다. 탐구할 수 있다. 인간의 삶에는 성찰과 반성 그리고 탐구가 있지만 동물의 삶에는 그러한 것들이 없다. 설사 있다고 해도 인간의 성찰 능력과는 질적으로 다르며 자기를 초월할 만큼 탁월하지도 않다.

인간은 이러한 자기 물음/성찰과 자기 대답을 추구하면서 인간다운 삶을 탐구하고 모색해 간다. 그리고 이러한 실천을 통해 인간으로서 자기를 바르게 이해하고 세워갈 수 있다.

전도자가 삶에 대해 성찰하고 탐구하다

브루그만은 전도서의 내용과 관련하여 "책의 내용은 세상 속에서의 창조와 인생의 신비에 대해 숙고"한다고 말한다. 전도자는 성찰하고 탐구하는 사람이다. 그는 전도서를 기록하면서 "마음을 다하며 지혜를 써서 하늘 아래에서 행하는 모든 일을 연구하며 살핀즉"(1:13)이라고 말하고, 또 "내가 내 마음으로 깊이 생각하기를"(2:3)이라고 말한다. 이런 표현들은 전도서 곳곳에 나온다(2:11; 4:1; 7:15, 27; 8:9,17; 12:9).

뿐만 아니라 전도자는 사람들이 자신들의 "인생을 살아가는 동안 어떤 것이 선한 것인지를 알아보"기를 원했다(2:3). 전도자에게 있어서 성찰하고 살피고 탐구하는 삶은 세상을 보고 이해하는 방법이자 인간의 행동의 옳음과 그름을 분별하고 바로 잡는 필수적인 것이다.

전도자는 이 세상의 현상들을 보면서 삶의 본질을 탐구하고자 했다. 그래서 전도서는 굉장히 현실적이고 실제적인 책이다. 그것은 이 세상과 인간의 삶에 대한 성찰을 바탕으로 한다.

그러면 전도자의 성찰하고 탐구하는 삶의 목적은 무엇인가? 아는 것/앎, 곧 지식과 사는 것/삶, 곧 실천이다. 참된 진리를 알고 그 진리를 실천하며 사는 것이다. 전도자의 말로 표현하면, 여호와 하나님을 경외하는 것이고 그분의 계명, 곧 하나님의 말씀을 지키는 것이다 (12:13). 그것은 성서 전체의 메시지이기도 하다.

성찰하고 탐구하는 삶은 신앙인의 삶에서 본질적인 것이다. 왜냐하면 성서의 믿음이 그것들을 요구하기 때문이다. 지혜문학은 그것에 대한 중요한 예다. 지혜문학은 이성적 성찰과 탐구를 중시한다. 그래서 지혜문학의 신앙은 중세의 신학자 안셀름(Anselm)의 용어를 빌려 표현하면 이해를 추구하는 신앙(faith seeking understanding)이다. 그러나 그것은 이해로 끝나지 않는다. 그것은 다시금 신앙으로 향한다. 그래서 지혜문학의 이해는 신앙을 추구하는 이해(understanding seeking faith)이다. 이런 점에서, 지혜문학에서 이해와 신앙, 그리고 신앙과 이해는 서로 나뉘지 않는다.

하지만 불행하게도 오늘날 많은 경우에 신학적 성찰(theological reflec-
tion), 특히 비판적 성찰(critical reflection)과 탐구는 부정적으로 여겨지는
것이 사실이다. 어떠한 것에 대해 신학적으로 그리고 비판적으로 성찰
하는 것은 기독교의 진리를 훼손하는 작업으로 오해를 받아왔고, 기
독교적 지성을 개발하는 것은 영적 성장에 방해가 되거나 불필요한
것으로 간주되기도 했다. 그러나 로버트 키내스트(Robert L. Kinast)가
말하는 것처럼, "신학적 성찰은 바로 기독교의 기원에 충실하는 것"이
며 "사람들이 자기 경험으로부터 배우는 것을 돕는 방법"이다. 그것의
목적은 신자가 "자신의 삶의 사건들에서 하나님의 임재를 인정하는
것"이다.

게다가, 비판적 또는 비평적이란 말은 전혀 부정적인 의미를 담고
있지 않다. 그것은 단지 옳은 것(what is right)과 그른 것(what is wrong)을
분별하고 구분하는 것과 관계가 있다. 그래서 비평적 또는 비판적 사
고 또는 성찰은 우리의 믿음과 삶 그리고 사회적 행동에서 무엇이 옳
고 무엇이 그른가를 분별하고 구분하는 실천을 말한다. 키내스트는
이렇게 말한다.

> 비평적 사고는 단순히 기존의 가르침들과 확신들에 대한 부정적인 비판
> 을 의미하지 않는다. 실제로, 그것은 전혀 부정적인 비판을 포함하지 않
> 을 것이다. 비평적 사고는 다른 입장들을 비교함으로써, 그것들의 근거
> 들과 가정들을 의문시함으로써, 그것들의 자료들을 분석함으로써, 그
> 것들의 함의들을 시험해봄으로써, 그것들의 정당성과 타당성에 대해 판

단을 내림으로써 진리에 대한 정직한 탐구를 의미한다.

만일 비평적 성찰이 부정적인 것이라면, 시편의 시인들은 모두 믿음이 없거나 믿음이 약한 자들일 것이며, 시편을 그 일부분으로 담고 있는 성서는 불경건한 책이 될 것이다. 왜냐하면 시편은 수많은 물음과 회의적인 태도를 담고 있기 때문이다. 그리고 만일 어떤 신앙인이 신학적, 비평적 성찰을 부정적인 것으로 비판한다면, 그는 위선자다. 왜냐하면 그는 비평적인 태도를 담고 있는 시편을 정경으로 포함하고 있는 시편을 성서로 받아들이면서 그것을 읽고 들을 것이기 때문이다.

다른 한편으로, 탐구는 성서적, 기독교적 진리를 이해하고 아는데 중요하다. 탐구는 배움의 필수적인 과정이다. 그것의 중요한 예는 사도행전 17장에 나오는 베뢰아 사람들이다. 그들은 바울이 성서 메시지를 전할 때 그것을 "간절한 마음으로" 받고는 그것이 참인지 알아보기 위해 성서를 살펴보았다(11절). 그러한 태도는 모든 그리스도인들이 배울 필요가 있는 것이다.

성찰과 탐구를 중시하는 것은 신앙인의 바른 태도이다. 우리는 그러한 수단들을 통해 깊이 있는 믿음의 세계, 진리의 세계로 나아갈 수 있다. 지혜로운 삶은 성찰과 탐구와 밀접하게 관련되어 있다. 전도자는 그러한 삶을 추구했다.

삶은 지혜를 필요로 한다

전도자는 전도서 4장 13절에서 "가난하여도 지혜로운 젊은이가 늙고 둔하여 경고를 더 받을 줄 모르는 왕보다" 낫다고 말한다. 그리고 "지혜가 힘보다"(9:16) 낫고 "무기보다"(9:18) 낫다고 말한다. 지혜문학으로서의 전도서는 지혜를 중시하고 찬양한다. 그리고 참된 지혜가 무엇인지를 가르친다. 그래서 우리가 전도서를 바르게 읽는다면, 참 지혜가 무엇인지를 배우게 된다. 지혜자의 가르침을 존중하는 것은 우리의 삶을 지혜롭게 하는 대단히 중요한 방법이다.

지혜는 삶의 질서를 세워준다. 지혜는 우리의 삶을 바른 길로 이끌어 준다. 잠언 기자는 "지혜가 너를 선한 자의 길로 행하게 하며 또 의인의 길을 지키게 하리니"(2:20)라고 말한다. 지혜는 또한 경계를 설정해 준다. 브루그만은 "지혜는 모든 상황 속에서 인간이 얼마나 앞으로 갈 수 있고 또 어디에서 정지해야 할 것인가를 식별할 책임을 갖는 것이다"라고 말한다. 지혜는 인간으로 하여금 할 일은 하고 하지 않아야 할 일은 하지 않도록 이끌어 준다. 참된 것은 하고 거짓된 것은 하지 않도록 이끌어 준다. 의미 있는 것은 추구하고 허무한 것은 버리도록 이끌어 준다. 그래서 지혜를 따르면 삶에 후회가 없다. 허무한 삶을 극복할 수 있다.

지혜의 가치는 다른 것들과 비교할 수 없을 만큼 크고 귀하다. 지혜는 참다운 삶을 위한 아주 중요한 도구이다. 우리의 삶은 지혜를 필요로 한다. "지혜가 제일이니 지혜를 얻으라"(잠 4:7).

그러면 우리는 어떻게 지혜를 얻을 수 있을까? 지혜의 근원이신 하나님을 믿고 그분의 말씀에 귀를 기울이는 것이다. 케네스 보아(Kenneth Boa)가 바르게 말하는 것처럼, "지혜라는 보물은 하나님의 손에 달려 있다. 그것은 위로부터 오는 것이므로(약 3:17), 우리는 그것을 하나님과 따로 떼어서는 가질 수 없다."

하나님의 지혜는 무궁하다(시 147:5). 하나님과 그분의 말씀을 저버리는 것은 지혜를 저버리는 것이다(렘 8:9). 그것이 바로 전도자가 가르치는 것이다. D. A. 카슨(D. A. Carson)의 다음의 말은 참으로 의미심장하다.

우리가 더 나이 들어감에 따라 우리 심장과 마음에서 무언가 그 이상의 것이 있어야 한다고 느낄 때, 곧 무언가 더 만족시키는 것이 있어야 하고 무언가 더 큰 것이 있어야 한다고 느낄 때, 우리가 그 생각에 잠기게 하는 소리에 귀를 기울이는 것은 옳다. 우리는 하나님을 위해 지음을 받았고 우리 영혼은 우리가 그분을 알기 전까지 쉼을 얻지 못할 것이기 때문이다.

하나님을 믿고 그분의 지혜의 말씀을 따라 계속해서 지혜롭고 의미있는 삶을 추구해 가는 우리가 되기를 바란다.

3.
삶의 의미 찾기

여러 해 전, 어학연수로 토론토에 온 청년에게 기독교 신앙과 하나님 말씀을 가르친 적이 있다. 그의 가족은 기독교 신앙을 가지고 있었지만 그는 무신론자였다. 그 청년이 교회에 온 것은 자신이 하숙하고 있던 집의 젊은 집사 부부가 자신의 누나와 친구 관계였기 때문이다. 그 청년은 그냥 그들 부부를 따라 온 것이다.

당시, 오후에 예배가 끝나고 식사를 한 후에 청년 성경공부 모임을 가졌는데, 그도 그 모임에 참석하곤 했다. 특별한 경우를 제외하곤 꾸준히 그 모임에 참석했다. 고마운 마음이 들었다. 믿음이 없으면서도 꼬박꼬박 함께 하는 그의 마음이 성실하게 느껴지곤 했다. 하지만 끝까지 복음을 받아들이지는 않았다. 그는 자신의 신념을 따랐다.

한 번은 이런 일이 있었다. 그 청년이 어학연수가 끝나고 한국으로 돌아갈 때가 되었을 때의 일이다. 당시 성경공부는 소명, 인생의 목적과 같은 주제들을 바탕으로 시리즈 형식으로 진행되고 있었다. 그 때 나는, '인간의 삶은 궁극적으로 자신을 지으신 영원하신 창조자 하나님과의 관계 안에서만 참된 의미를 지닐 수 있고 또 인간은 그분 안에서만 참된 만족을 누릴 수 있다'고 말했다. 즉 무한과 영원의 관점에서만 유한하고 일시적인 우리들 삶이 진정으로 의미가 있을 수 있다고 말했다.

그러나 그 청년은 '자신은 그렇게 생각하지 않는다'고 말했다. 사람들이 흔히 말하듯이, 그냥 이 세상에서 열심히 사는 것만으로도 충분히 의미가 있을 수 있다고 말했다. 그래서 나는 이런 물음을 던졌다. "너는 왜 사느냐? 삶의 목적이 무엇이냐? 왜 힘들게 어학연수를 하러 왔느냐? 그냥 편하게 살지, 이 멀리까지 와서 고생하면서 영어를 배우려고 한 것이냐? 열심히 사는 삶의 결과는 무엇이냐?"

그랬더니 그는 "(배운 영어를 바탕으로, 즉 흔히 말하듯이 스펙을 잘 쌓아서) 좀 더 좋은 직장을 얻기 위해서 왔다"고 했다. 그래서 나는 "좋은 직장을 얻어서 무엇 하려고?"라고 물었고, 그는 "좋은 직장을 얻어 돈을 벌고 결혼을 잘 하고 자녀를 잘 기르기 위해서"라고 말했다. 그래서 나는 "그 다음엔?"이라고 물었고, 그는 "노후를 편안하게 보내기 위해서"라고 대답했다.

나는 다시금 이렇게 물었다. "그 다음엔?" 그는 잠시 멈추었다. 왜냐하면 그 다음에 해야 할 말은 정해져 있었기 때문이다. "죽는 것" 말이다. 그는 이렇게 말했다. "죽겠죠?" 그래서 나는 다시 물었다. "그럼, 결국 죽는 것이네. 죽기 위해서 그렇게 노력하며 사는 것이네.

어차피 죽을 것인데 뭐 그렇게 고생하며 사냐? 그냥 쉽게 살지." 그랬더니 그는 "그렇게 열심히 사는 것도 의미가 있다고 생각해요"라고 말했다.

그 말을 듣고는 나는 이렇게 대꾸했다. "그래? 그럼 그렇게 살다가 죽어!" 자신이 바라는 대로, 자신이 계획하는 대로 하라고 격려해(?) 주었다. 자녀들이나 다른 사람들이 어떤 결심과 계획에 따라 무엇인가를 하겠다고 할 때, 우리가 그렇게 하라고 말하듯이 말이다. 하지만 갑자기 분위기가 썰렁해졌다. 성경 공부를 인도하는 목사가 "그렇게 살다가 죽어!"라고 했으니 말이다.

나는 썰렁해진 분위기를 쇄신해야 했다. 그래서 이렇게 말했다. "사람은 누구나 자기 확신과 신념에 따라 살아간다. 너도 그렇고, 나도 그렇다. 나는 성경에 근거하여 영원한 세계를 믿는다. 너도 언젠가 그 세계를 믿고 복음을 받아들이면 좋겠다. 그리고 하나님의 은혜 안에서 그런 일이 생길 때 지금까지 너와 함께 하면서 내가 했던 말들이 조금이나마 그것을 위한 밑거름이 되었으면 좋겠다." 그리고는 그를 위해 기도해주었다.

인생길에서 우리 마음을 사로잡는 것들

조용필 씨의 〈킬리만자로의 표범〉을 좋아한다. 대중가요이지만 훌륭한 인생철학이 담겨 있는 노래라고 여겨질 뿐만 아니라, 그 노래는 늘 나로 하여금 이 세상을 살아가는 동안 어떤 삶을 추구하며 살아야 하는지 그리고 그것을 어떤 태도를 가지고 추구해야 하는지를 생각하게 해준다. 물론, 그리스도인으로 나는 본질적으로 성서로부터 삶의 목적과 방식을 배운다. 그리고 그것이 최고의 가르침이라고 믿는다. 그럼에도 비록 대중가요일지라도 그것의 건전하고 좋은 노랫말은 우리들 삶과 사고에 유익하다고 생각한다. 내게는 킬리만자로의 표범이 그런 노래들 중의 하나다. 다음은 그 노랫말 중 일부다.

> 바람처럼 왔다가 이슬처럼 갈순 없잖아 / 내가 산 흔적일랑 남겨둬야지
> 한줄기 연기처럼 가뭇없이 사라져도 / 빛나는 불꽃처럼 타올라야지
> 묻지 마라 왜냐고 왜 그렇게 높은 곳까지 / 오히려 애쓰는지 묻지를 마라
> 고독한 남자의 불타는 영혼을 아는 이 없으면 또 어떠리.

　이 노래의 배경에는 상반되는 두 동물, 곧 표범과 하이에나가 등장한다. 먹이를 찾아서 산기슭 여기저기를 어슬렁거리며 돌아다니는 하이에나, 그러나 그것이 찾는 먹이는 짐승의 썩은 고기다. 하이에나는 먹이의 상태가 어떠하든 배만 부르면 그만인 지극히 일차적인 만족을 추구하는 것이다. 사람들 중에도 이런 자들이 얼마나 많은가? 본능적인 것에 만족하면서 동물처럼 살아가는 하이에나 같은 불쌍한 인생들 말이다(이 표현이 너무 무례하게 받아들여지지 않기를 바란다. 실제로 그렇기 때문이다).

　반면에 표범은 배부른 상태로 낮은 곳에서 만족할 수 없는 고상한 열정, 불꽃처럼 타오르려는 불타는 영혼이 그 내면에 있다. 그래서 그

곳에서 굶어 얼어 죽더라도 산정높이 올라간다. 다른 존재들이 알아주든 알아주지 않든, 그것에 상관없이 그렇게 한다. 그것을 위해 모든 것을 건다. 그리고 결국에는 산이 된다. 그것이 킬리만자로의 표범이다. 킬리만자로의 표범과 같은 사람은 그리 많지 않다. 왜냐하면 그런 사람이 되기 위해서는 자기 결단과 헌신 그리고 노력과 인내가 필요하기 때문이다.

이 노래는 인간의 삶의 본질적인 차원을 잘 말해주는 것 같다. 인간은 살아가면서 어떤 형태의 삶을 추구해야 하는지에 대한 물음을 던진다.

오늘날 그리고 역사적으로 인간의 마음을 사로잡는 것들 가운데 가장 두드러진 것 세 가지가 있다. 돈과 성과 권력이다. 그것들은 인간의 실존적 삶과 밀접하게 관련되어 있다. 이러한 맥락에서, 리처드 포스터(Richard Foster)는 다음과 같이 아주 적절하게 말한다.

> 오늘날에 있어서 긴급히 필요한 일은 신앙을 가진 사람들이 신실하게 사는 것이다. 이것은 인간이 실존하고 있는 모든 영역에 해당하는 일이지만 특별히 돈과 섹스와 권력과 관련해서 더욱 긴요한 일이다. 이 문제들보다 더 심오하거나 더 보편적으로 우리에게 느껴지는 문제는 없다. 이 주제들보다 더 불가분리적으로 서로 뒤얽혀 있는 것도 없다. 다른 아무 화제들도 이것들처럼 논쟁을 일으키지는 못한다.

그리고 이렇게도 말한다. "역사를 통틀어서, 그리고 우리 자신의 경험을 통해서 이와 같은 문제들[돈, 섹스, 그리고 권력]은 서로 분리될 수 없이 얽혀있기 때문이다. 돈은 곧 권력임을 자처하고 있다. 또 성은 돈과 권력을 얻기 위한 수단으로 사용되고 있다. 그리고 권력은 곧잘 '최상의 최음제'로 불리우고 있다."

분명, 돈과 성 그리고 권력은 인간의 보편적이고 중심적인 관심사들이다. 폴 틸리히(Paul Tillich)의 용어로 표현하면, 그것들은 많은 사람들에게 "궁극적인 관심사"(ultimate concern)이다. 그 중에서도 오늘날 돈은 가장 영향력이 크다(어떤 의미에서 하나님보다도 영향력이 크다). 왜냐하면 돈은 성을 사고 팔 수 있고 권력을 움직일 수 있기 때문이다.

뿐만 아니라 돈은 인간의 삶에서 하나의 신적 자리를 점유하고 있다. 신이 되었다. 예수님은 "너희가 하나님과 재물을 겸하여 섬기지 못하느니라"(마 6:24)고 말씀하심으로써 돈의 우상화를 경고하셨다. 많은 경우, 사람들이 열심히 일하는 것도 돈 때문이다. 학생들이 열심히 공부하는 것은 좋은 대학을 가기 위한 것이고, 좋은 대학을 가는 것은 좋은 직장을 얻어 돈을 많이 벌기 위해서다. 아주 많은 사람들에게 돈은 인생의 가장 중요한 목표가 되었고 목적이 되었다. 더욱이 인생의 전부가 되어가고 있고 인생의 의미 자체가 되어가고 있다. 돈을 빼놓고 삶을 말하기가 어려워졌다. 그것이 오늘날의 모습이다. 물론, 앞으로는 더할 것이다. 왜냐하면 돈을 가지고 소유할 것들이 더 많이 생산될 것이기 때문이다. 물품들이 많아질수록 돈에 대한 애착과 필요는 그만큼 더 커질 것이다.

삶과 의미

나는 "킬리만자로의 표범"에게서 그리고 그 노래에서 "의미"란 단어를 느낀다. 삶의 낮은 차원에 만족하지 않고 높은 차원을 끊임없이 추구하는 모습은 의미란 말을 제하고서는 이해가 불가능하다. 그것은 의미의 발로이다. 물론, 동물에게 의미란 말을 직접적으로 적용하기란 무리가 있지만 그것에 빗대어 자신의 의미 추구의 삶을 이야기하는 작사자에게는 정확히 그렇다.

의미는 존재의 깊은 차원, 곧 내면에서 존재론적으로 느끼고 충족받는 특별한 내적 성질이다. 그래서 의미를 배제한 삶은 언제나 불만족스럽고 공허하고 무의미하게 느껴진다. 삶은 의미를 추구하는 것과 관련되어 있다. "모든 인간은 자신들의 삶을 위한 의미를 구한다." 왜냐하면 "인간이 되는 것은 의미 안에서 살고 의미로부터 사는 것"(Jack L. Seymour)이기 때문이다. 빅터 프랑클(Victor E. Frankl)은 인간의 삶과 의미의 관계성을 이렇게 설명한다. "인간이 의미를 찾는 것은 그의 삶에 있어서 일차적으로 동기를 부여하는 것이지, 본능의 충동에 의한 '이차적 합리화'가 아니다. 이 의미는 인간에 의해서만 실현되어야 하고 또 그렇게 될 수 있는 유일하고 특수한 것이다." 인간이 동물이 아닌 이상, 의미를 떠나서는 삶을 살 수 없을 뿐만 아니라 말할 수도 없다.

의미는 인간의 삶을 지탱해주는 힘이다. 의미는 희망과도 관계가 있다. 그래서 잭 시모어(Jack L. Seymour)와 그의 동료들이 "우리의 삶은 의미를 가지고 있기 때문에 우리는 죽음에 직면해서도 살 수 있다. 의미는 희망을 제공한다. 그리고 결국 우리의 삶-우리의 소명과 정체성-은 의미의 열매이다"라고 말할 때, 그것은 진정 옳다.

문제는 어떤 의미이냐 하는 것이다. 그리고 어떤 것으로부터 의미를 얻고 느끼느냐 하는 것이다. 앞에서 언급했던 것처럼, 일반적으로 사람들은 돈이나 성이나 권력으로부터 의미를 찾고 느끼려고 하는 경향이 있다. 그러나 그것은 참된가? 진정한 의미인가? 물론, 사람에 따라 저마다 다르게 답할 것이다.

하나님과 인간의 삶의 의미

의미는 본질적으로 의미의 근원, 곧 하나님과의 관계 속에서 발생되고 발견된다. 그것이 바로 의미의 바탕은 "신학적인" 이유이다. 시모어와 그의 동료들은 이렇게 말한다.

우리는 죽게 되어 있다는 것을 아는 것이 인간됨에 중심적이다. 우리는 역설의 한가운데서 산다. 우리는 유한하다. 그렇지만 우리의 행위는 미래에 영향을 미친다. 삶의 고투는 유한함과 미래의 희망 사이에 존재하는 법을 배우는 것이다. 그러므로 의미의 형성과 재형성은 가장 온전하고 심오한 차원에서 신학적이다.

또한 이렇게 말한다. "신학은 궁극적인 물음들과 관련하여, 곧 하나님과 관련하여 우리의 삶을 해석하는 과정이다. 우리는 우리의 삶을 걸 수 있는 진리들을 발견하려고 애쓴다."

그래서 인생의 허무는 본질적으로 하나님으로부터의 분리에서 비롯된다. 곧 자신의 내면에 모든 존재의 바탕과 충만함이신 하나님이 없을 때 찾아든다. 그런 이유로, 전도자는 "헛되고 헛되며 헛되고 헛되니 모든 것이 헛되도다 해 아래에서 수고하는 모든 수고가 사람에게 무엇이 유익한가"(1:2-3)라고 탄식했다. 사람들이 자신의 의미의 원천으로 삼으려고 하는 돈이나 성이나 권력을 추구하면 할수록 허무를 더 깊게 느끼게 되는 것은 바로 그런 이유에서다.

물론, 돈이나 성이나 권력은 인간의 삶에서 필요한 것이다. 그것을 부인할 수 없다. 부분적으로는 그리고 불완전하게는 의미와 만족을 제공해 준다. 그러나 그것들에 절대적인 의미를 부여하려고 할 때 타락하게 되고 결국은 허무함만 남는다. 그것들은 파도의 포말처럼, 햇살 좋은 날의 아침 안개처럼 흔적도 없이 사라져 갈 것이기 때문이다. 이처럼, "해 위"이신 하나님을 떠나서 행해지는 "해 아래"의 모든 수고는 헛되다. 부분적으로는 의미를 느낄 수 있지만 근본적으로는 그리고 궁극적으로는 아니다.

전도자는 이 점과 관련하여 이렇게 말한다.

> 내가 어떻게 하여야 천하의 인생들이 그들의 인생을 살아가는 동안 어떤 것이 선한 일인지를 알아볼 때까지 내 어리석음을 꼭 붙잡아 둘까하여 나의 사업을 크게 하였노라 내가 나를 위하여 집들을 짓고 포도원을 일구며 여러 동산과 과원을 만들고 그 가운데에 각종 과목을 심었으며…무엇이든지 내 눈이 원하는 것을 내가 금하지 아니하며 무엇이든지 내 마음이 즐거워하는 것을 내가

막지 아니하였으니 이는 나의 모든 수고를 내 마음이 기뻐하였음이라 이것이 나의 모든 수고로 말미암아 얻은 몫이로다 그 후에 내가 생각해 본즉 내 손으로 한 모든 일과 내가 수고한 모든 것이 다 헛되어 바람을 잡는 것이며 해 아래에서 무익한 것이로다.(2:3–5, 10–11)

인간에게 있어서 일은 중요하다. 일은 하나님이 인간에게 부여하신 그분의 창조질서의 한 부분이다(창 2:5, 15). 성서는 "모든 종류의 정당한 직업들은 존경할 만하고, 정신적인 일뿐만 아니라 육체 노동도 존귀하다"(보아)고 증언한다. 그래서 그것이 정신적인 일이든, 육체적인 일이든 인간의 삶에서 일은 의미심장하다. 시인은 이렇게 말했다. "네가 네 손이 수고한 대로 먹을 것이라 네가 복되고 형통하리로다"(128:2). 자신의 생계를 위해서, 가족을 부양하기 위해서, 자신의 미래를 위해서 열심히 일하는 것은 좋은 것이고 바람직한 것이다. 인간이 일을 통해서 의미를 느끼는 것은 당연한 일이다. 일은 인간이 의미를 형성하는 한 가지 중요한 요소임에 틀림없다.

그러나 일만으로는 온전한 의미를 충만하게 느낄 수 없다. 게다가, 하나님이 없이 하는 일은 더욱 그렇다. 그럴 경우, 일이 우리의 정체성을 형성하고 정의하게 될 것이기 때문이다. 게다가, 결국에는 우리가 일을 할 수 없는 때나 상황이 되면, 우리의 정체성은 상실될 것이기 때문이다. 하나님이 없이 일만 하다 보면, 결국에는 전도자의 탄식, 곧 "내 손으로 한 모든 일과 내가 수고한 모든 것이 다 헛되어 바람을 잡는 것이며 해 아래에서 무익한 것이로다"를 공감하게 될 것이다.

카슨은 이렇게 말한다. "성서의 관점에서 삶에서의 의미는, 우리는 하나님에 의해서 그분의 형상대로 그리고 영원한 운명을 가지고 하나님을 위해서 지음 받았다는 사실과 단단히 묶여 있다. 이것은 인간이란 무엇인가에 대한 우리의 인식을 근본적으로 변화시킨다." 참된 의미는 진리를 바탕으로 한다. 어떤 인생이든, 자신의 내면에 하나님이 계시면 그 인생은 의미가 있다. 그가 하는 일도 의미가 있다. 왜냐하면 하나님을 섬기는 삶 안에서 일은 "다른 사람들에게 유익을 끼치고 하나님께 영광을 돌리게"(보아) 되기 때문이며, 의미는 삶 속에 나타나고 우리의 삶에 영향을 미치기 때문이다.

인간은 의미를 느끼며 사는 존재이다. 아니, 의미를 먹고 사는 존재이다. 그리고 무엇보다도 인간의 의미는 자신을 지으신 창조주 하나님과의 관계에서 나오고 결정된다. 그것은 본질적으로 관계에서 나오는 '파생적 의미'이다. 이것이 바로 우리가 전도자를 통해서 배우는 교훈이다. 본래적인 의미에서, 하나님이 없는 인생은 진정 '헛되고 헛되다.' 그러나 하나님이 있는 인생은, 하나님과 인생길을 걸어가는 인생은 '의미 있고 의미 있다.' 그런 인생은 오늘도 킬리만자로의 표범처럼 현실에 안주하지 않고 낮은 이 세상에서 맴돌지 않고 강한 열정을 가지고 저 높은 곳, 곧 "해 위"를 향해 불타는 영혼으로 오르려고 애쓰면서 산다. 그런 삶은 멋이 있다. 숭고하다.

4.
하나님과 인간, 그 뗄 수 없는 관계의 깊음

오늘날 우리가 살아가는 시대의 현저한 특징들 중 하나를 들라고 하면, 지체할 것 없이 공허감, 곧 텅 빈 마음의 상태라고 할 수 있을 것이다(공허는 다른 말로 하면 허무이다). 우리가 그런 느낌을 갖게 되는 이유들 중 가장 근본적인 문제는 존재론적 궁핍, 곧 내면에 있어야 할 어떤 것이 없기 때문이다. 내면에 있어야 할 것이 없는 한에서, 인간은 결코 공허감을 피할 수 없다. 그런 느낌은 대개 인생을 맹목적으로 살거나 잘못된 목적을 가지고 살아가기 때문에 생긴다.

오늘날 많은 사람들이 영혼(soul)이나 영성(spirituality)에 대해 큰 관심을 갖는다. 서점들의 책장마다에는 그것에 관한 책들로 넘쳐나는 것이 그것에 대한 좋은 예다. 그러나 영혼이나 영성이란 말은 유신론적 용어다(사람들이 이것을 받아들이든지 받아들이지 않든지 상관없이 그것은 사실이다).

그래서 역설적이게도 무신론적이고 하나님께 적대적인 세상에서 그런 말은 허공을 치는 말이기도 하다. 신을 인정하지 않는 한에서, 그것은 무의미하고 무모한 추구이다. 마치 무지개를 잡거나 신기루를 잡으려는 헛된 노력과도 같다. 그것들은 유형처럼 보이지만 실제로는 무형이다. 그래서 아무리 잡으려고 해도 잡히지 않는다. 갈증을 느끼면서 소금물을 마시는 것과 같다. 그런 식으로는 갈증을 해갈할 수 없다.

인생, 자기 자신을 찾아가는 여정

롱맨은 이렇게 말한다.

> 우리는 모두 "우리 자신을 발견해 가는" 과정에 있다. 그러나 때때로 그 탐구는 다른 때보다 더 우리에게 분명하다. 당신에게는 어느 때가 가장 절박해 보였는가? 대학 생활을 할 때였는가? 첫 아이를 보았을 때인가? 중년에 이르렀을 때인가? 때때로 우리는 그 탐구에 대해 철저하게 의도적이다…그러나 어떤 점에서는, 특히 우리가 내리는 중요한 결정에서 우리는 언제나 나는 누구인가? 나는 왜 여기에 있는가? 라고 묻는다…그러면 우리는 어떻게 우리의 정체성에 대한 깊은 통찰력을 얻을 수 있는가? 우리는 우리가 누구인가에 대한 참된 영상(reflection)을 보러 어디로 가는가?

인간에게 있어서 "나는 누구인가?" 라는 물음은 보편적인 관심사로 인간이라면 누구나 인생길에서 한 번쯤은, 대개는 여러 번 묻게 되는 물음이다. 그리고 그 물음에 대한 답에 따라 인생의 목적도, 인생의 모습도 그리고 인생의 방향도 달라진다. 대개의 경우 그것에 대한 답은 개인의 삶의 주변 환경이나 사회에 의해 영향을 받곤 한다. 그러나 인생 여정에서 그것에 대한 새로운 답을 얻고 새로운 방향으로 삶을 전환하는 사람들을 만나게 된다. 우리는 그것을 "회심"(존재의 중심인 마음을 바꾸는 것)이란 말로 표현할 수 있을 것이다. 더욱이, 회심은 성령의 가장 근본적이고 중요한 사역에 의해 이루어지는 것으로 일회적인 경험을 넘어 계속해서 "매일의 삶에서 하나님의 방식들을 따르도록 자기 자신을 새 방향으로 향하게 하는 것"(Kinast)이다.

존 레이몬드 핸드(John Raymond Hand)는 그런 사람들 중 하나다. 그는 교원 가정에서 태어나고 자랐는데, 한 사람을 제외하고는 모두 종교적 자유주의자들(religious liberals)이었고 진화론적 가정을 받아들였다. 그런 영향 하에서, 그는 찰스 다윈(Charles Darwin)의 제자들의 견해에 대해 이의를 제기하지 않았고, 아주 어릴 때부터 진화론에 대한 관심 때문에 그것에 관해 얻을 수 있는 책이나 다른 것들을 모두 열심히 읽었다. 그는 대학에 들어갈 나이가 될 때까지 진화론을 하나의 사실(fact)로 받아들였다. 결국, 그는 광신적인 진화론자가 되었다. 그의 고백처럼, 가정에서 시작된 진화론적 사고가 세속학교들에서 훈련을 받으면서 강화되고 완성된 것이다.

그러나 그의 그런 세계관은 물리학 강사가 되어 질문을 하기 시작하면서 균열이 생기기 시작했다. 그는 진화론에서 많은 어려움을 발견하게 되었고 긴급히 자신의 정보를 재평가할 필요를 느꼈다. 그는 진화론의 자취를 따라 걸어온 자신의 발걸음을 살펴보면서 자신이 많은 논쟁점들(barricades)을 우회했음을 발견하고는 놀라게 되었다(그는 열세 가지의 논쟁점들을 바탕으로 진화론이 지닌 문제들을 제기한다). 그는 진화론이 지닌 많은 오류들을 발견하게 되었고 결국 그것들 전부를 거부하고 새로운 해결책을 찾지 않을 수 없었다.

그는 성경을 통해 "창조론"을 접하게 되었다. 그리고 그는 과학적, 합리적 사고를 바탕으로 그것을 받아들인 후 그리스도인이 되었다. 그는 이렇게 말한다.

성서의 주제는 죄를 속하기 위해 예수님이 흘리신 피로 말미암아 은혜로 받는 구원이다. 이 구원은 에덴동산에서 처음 두 인간이 범한 죄로 인한 타락의 결과로 받은 인간의 죄성 때문에 필수적이다. 만일 진화론이 참되다면, 인간은 동물의 왕국에서 점진적으로 진화되었을 것이고 거기에는 결코 서로 다른 두 인간은 없었을 것이다. 이 때문에 당연히 처음 두 인간들의 타락은 일어나지 않은 것이 된다. 왜냐하면 그들은 존재하지 않았을 것이기 때문이다. 이것은 속죄를 위한 이유를 제거하며 그리스도를 구속자 대신에 순교자로 만든다. 그것은 그리스도를 구주가 아니라 본보기와 교사로 만든다.

또한 그는 이렇게 말한다.

진화론에는 인생의 난문제(riddle)에 대한 답이 없다. 나는 논쟁을 하고 싶지 않다. 나는 답을 원한다. 과학이 내가 하나님의 말씀에서 발견한 답보다 나를 만족시킬 수 있는 더 나은 답을 내게 제공하기 전까지, 나는 나의 입장을 고수할 것이다. 나는 모든 것을 고려하고 모든 것을 설명하는 그 답-'태초에 하나님이 창조하시니라'-에 의거한다.

핸드는 자신의 인생길에서 자기 자신을 찾아가는 여행을 하는 동안 진화론적 자리에서 시작하여 결국에는 창조론적 자리에 이르게 되었다. 바른 지점에 정착했다. 그 과정에는 모순적인 것에 대한 물음과 바른 것에 대한 추구가 있었다. 핸드와 같이, 우리는 자신의 인생길에서 자신을 만족시킬 수 있는 우리 존재의 기원에 대한 답을 추구해야 하고 또 얻어야 한다. 그럴 때만, 우리는 우리에게 의도된 또는 목적에 맞는 삶을 살아갈 수 있을 뿐만 아니라 인생의 공허감을 벗을 수 있게 된다.

"해 위"에서 시작된 만물

우리는 누구이며 어디에서 왔나? 헛됨, 허무함 그리고 덧없음이 머무는 이 세상에서 인간의 의미 있는 삶의 추구는 이 문제, 곧 우리의 정체성에 대한 대답과 밀접하게 관련되어 있다. 전도자는 인간 삶의 헛됨에 대해 말하면서도 인간의 기원에 대해 분명하게 말한다.

전도자에게 있어서 모든 것은 우연함과 진화의 산물이 아니라 하나님의 창조에서 비롯되었다. 전도자는 인간과 만물의 기원을 창조주 하나님과 연관 짓는다. 이것은 전도서 전체에 나타나며 전도서의 바탕이다. 그의 그런 생각은 다음과 같은 구절들에서 분명하게 드러난다. "하나님이 모든 것을 지으시되 때를 따라 아름답게 하셨고"(3:11). "하나님은 사람을 정직하게 지으셨으나"(7:29). "너는 청년의 때에 너의 창조주를 기억하라"(12:1). 전도자에게 있어서 하나님은 만물을 창조하신 창조주이다. 존재하는 모든 것의 기원은 그분께 있다.

하나님에 의해 지어진 모든 것은 "해 아래"이다. 반면에 그 모든 것, 곧 "해 아래"를 지으신 창조주 하나님은 "해 위"이다. "해 아래"의 근원은 "해 위"이다. "해 아래"에 존재하는 모든 것은 "해 위"에서 시작되었다. "해 위"는 하나님을 뜻하고 그분의 나라를 뜻한다.

"해 아래"인 인간은 하나님의 피조물이다. 인간은 이 세상에 우연히 존재하게 된 진화적 산물이 아니다. "하나님이 자기 형상 곧 하나님의 형상대로 사람을 창조하시되 남자와 여자를 창조하"셨다(창 1:27). 그래서 우리들 존재의 기원은 하나님, 곧 "해 위"이다. "해 아래"인 우리는 "해 위"이신 하나님 때문에 이 세상에 있게 되었다. 이와 관련하여, 리처드 비웨스(Richard Bewes)는 이렇게 말한다.

> 창세기는 우리에게 영성과 관계의 인격적 하나님을 소개한다. 이 신적 배경 없이는 우리 자신을 사람들로 이해하는 것은 불가능하다…모든 사람 안에는 영적 능력, 곧 예배, 기도 그리고 책임을 위한 영적 능력이 있다. 우리는 무엇인가(what we are)뿐만 아니라 우리는 누구인가(who we are)를 설명하는 것은 이 진리이다…우리는 하나님의 형상 안에 있다. 영적 본성을 지니고 있다. 그러나 우리는 단지 형상들이다. 우리는 하나님 자신이 아니다. 우리는 단지 파생과 창조에 의해서만 존재한다.

위의 것을 추구하는 삶: "해 아래"인 인간의 "해 위"이신 하나님 바라기

그러면 하나님의 형상대로 지음 받은 파생적 존재로서의 인간, 곧

"해 아래"인 인간이 의미 있는 삶을 추구하려면 무엇을 해야 하는가? 자신의 영적 기원과 본성을 인정하고 하나님, 곧 "해 위"를 품는 것이다. 자신의 내면에 존재의 본질과 중심인 "해 위," 곧 하나님을 모시고 사는 것이다. "해 아래"는 언제나 "해 위"에서 생명과 의미를 부여받는다. 그래서 하나님이 없이는, 그리고 존재의 중심에 하나님을 모시는 일이 없이는 인간은 내면 깊은 곳에서 공허감을 피할 수 없다.

바울은 "해 위"를 지향하는 삶을, "위의 것"을 찾는 삶으로 묘사한다.

> 그러므로 너희가 그리스도와 함께 다시 살리심을 받았으면 위의 것을 찾으라 거기는 그리스도께서 하나님 우편에 앉아 계시느니라 위의 것을 생각하고 땅의 것을 생각하지 말라 이는 너희가 죽었고 너희 생명이 그리스도와 함께 하나님 안에 감추어졌음이라 우리 생명이신 그리스도께서 나타나실 그 때에 너희도 그와 함께 영광 중에 나타나리라.(골 3:1-4)

하나님과 인간의 관계는 매우 깊고 끈끈하다. 서로 나뉠 수 없다. 창조자 하나님은 우리 존재의 근원이시며 우리 의미의 근원이시다. "하나님은 항상 어느 곳에서도 모든 존재의 아름다움의 근본이시다"(티모시 룩 존슨). 그래서 "해 위"를 의지하지 않는 세상, "해 위"를 떠난 세상은 타락하고 방향을 잃은 세상이며, 그러한 "타락된 세상 속의 삶은 사망으로 끝을 맞이하는 어려운 삶"(롱맨·딜러드)이다. 그런 삶에는 허무가 있다.

본래 인간의 삶의 특징은 창조자 하나님으로부터 오는 풍성한 생명과 충만함이었다. 그러나 인간은 하나님께 반항하고 타락함으로써 그런 풍성함을 상실해버렸다(그것이 바로 예수님이 "내가 온 것은 양으로 생명을 얻게 하고 더 풍성히 얻게 하려는 것이라"[요 10:10]고 말씀하신 이유이다. 하나님의 아들 예수 그리스도는 인간에게 풍성한 생명과 충만함을 되찾게 해 주시기 위해 오셨다). 허무는 인간의 타락에서 비롯되었다. 로마서 8장 19-22절의 말씀은 타락한 세상에 허무가 있음을 나타내준다.

> 피조물이 고대하는 바는 하나님의 아들들이 나타나는 것이니 피조물이 허무한 데 굴복하는 것은 자기 뜻이 아니요 오직 굴복하게 하시는 이로 말미암음이라 그 바라는 것은 피조물도 썩어짐의 종 노릇 한 데서 해방되어 하나님의 자녀들의 영광의 자유에 이르는 것이라 피조물이 다 이제까지 함께 탄식하며 함께 고통을 겪고 있는 것을 우리가 아느니라.(20-22절)

피조물은 자기 의지와 뜻과 상관없이 인간의 타락에 의해서 허무한데 굴복하게 되었다. 인간의 타락의 결과로 그렇게 된 것이다.

허무가 있는 세상에서 그리고 불완전한 존재로서의 인간이 허무한마음이 드는 상태에서 온전히 벗어나기란 불가능할지도 모른다. 왜냐하면 세상 자체가 타락한 세상이고 그 안에 존재하는 인간은 유한하고 현실적이며 의식적 존재이기 때문이다. 때로 우리는 신앙인임에도 불구하고 감정적으로는 허전하고 허탈한 마음을 피할 수 없을 것이다. 그러나 존재론적으로는 허무함을 벗을 수 있다. 하나님과 함께 그렇게 될 수 있다. 그것이 전도자가 가르치는 교훈이다.

만일 인간이 무로부터 진화된 산물이라면, 인간의 삶의 방식은 허버트 스펜서(Herbert Spencer)가 명명한 "적자생존"(survival of the fittest)-찰스 다윈(Charles Darwin)이 주창한 "자연 도태"(natural selection) 이론-이 가장 적합할 것이다. 그것은 계속적으로 진화하는데 거치는 것들은 제거되고 그래서 제거해야 하기 때문이다. 그럴 경우, 자기가 살고 싶은 대로 사는 것이 가장 좋고 현명한 방식일 것이다. 왜냐하면 자기 삶의 주인은 자기 자신이며, 이 우주 가운데 규정된 삶의 원리가 없는 이유로 어떻게 살 것인가에 대한 결정은 절대적으로 자기 자신이 내리는 것이기 때문이다. 하나님(또는 신적 존재)이 없다면 이 우주 가운데 어디에도 옳고 그름을 판단할 근거가 없는 것이다. 그럴 경우, 모든 행동이 곧 각기 기준이 된다. 그러므로 모든 것은 주관적으로 옳다. 상대주의가 답이다. 그러나 역설적이게도 상대주의는 허무주의를 낳고 허무주의는 인간 안에 허무한 마음을 일으킨다.

인간이 자기 마음에서 살아계신 창조와 구원의 주 하나님을 무신론이나 진화론에 못 박아버리고 나면, 그 인간 실존의 내면에는 어느 것으로도 메울 수 없는 영적 구멍이 생긴다. 그리고 그로 인한 내적 공허감을 감내하며 살아야 한다. 자기 삶에서 하나님을 밀어내면, 인간은 자기 인생의 주가 되지만 유한한 주가 되고 허무의 고통을 떠맡게 된다. 내일이 막혀버린 삶의 실존의 고통을 견디어 내야 한다. 그런 인간은 존재의 고향의 상실로 인해 영적 고아가 된다. 그것이 바로 하나님을 거부하는 인간이 치르게 되는 대가이다.

반면에 인간이 창조자 하나님의 피조물이라면, 인간의 삶의 바른 방식은 하나님의 뜻과 원리 그리고 의도에 따라 하나님을 추구하고 섬기는 삶이 될 것이다. "해 위"를 바탕으로 "해 아래"를 구성해 가는 것이다.

"해 위"를 떠난 "해 아래"의 삶은 헛되고 공허하고 불충분하다. 왜냐하면 세상은 지나가기 때문이다. 그런 삶을 추구하게 되면, 자신이 살아온 삶이 아무리 화려하고 많은 것을 이루며 살았다고 할지라도 결국에는 남는 것이 없게 된다. 죽음만 남게 된다. 빈손으로 흙이 된다. 그래서 전도자는 이렇게 말했다.

> 내가 해 아래에서 큰 폐단되는 일이 있는 것을 보았나니 곧 소유주가 재물을 자기에게 해가 되도록 소유하는 것이라 그 재물이 재난을 당할 때 없어지나니 비록 아들은 낳았으나 그 손에 아무것도 없느니라 그가 모태에서 벌거벗고 나왔은즉 그가 나온 대로 돌아가고 수고하여 얻은 것을 아무것도 자기 손에 가지고 가지 못하리니 이것도 큰 불행이라 어떻게 왔든지 그대로 가리니 바람을 잡는 수고가 그에게 무엇이 유익하랴 일평생을 어두운 데에서 먹으며 많은 근심과 질병과 분노가 그에게 있느니라.(5:13-17)

인간의 삶은 오직 하나님 안에서만 진정으로 의미를 지니고 충만하게 될 수 있다. "우리의 삶은 우리의 의미를 반영한다"(Seymour). 우리는 우리의 삶 속에서 의미를 발견하고 형성하고 재형성한다. 우리 안에 의미가 있으면 우리의 삶에 의미가 나타난다. 마찬가지로 우리 안에 무의미가 있으면 우리의 삶에 무의미가 나타난다.

날마다 하나님과의 더 깊은 관계를 추구하면서 계속해서 하나님의 충만하고 풍성한 삶을 누리면서 살아가도록 하자.

5.
하나님 경외, 인간의 삶의 근본 태도

사람들은 흔히 "자연 질서"란 말을 아주 자연스럽게(?) 사용하곤 한다. 더욱이, 자연주의적 관점에서 많은 사람들은 인간이 자연에 순응하며 사는 삶-말 그대로 "해 아래"의 삶-을 자연에 속한 인간에게 가장 바람직한 삶으로 제시하기도 한다. 일견, 그런 말들은 일리가 있어 보인다. 그러나 "자연 질서"란 말을 조금만 합리적으로 생각해보면, 그 말은 상당한 모순을 지니고 있음을 알 수 있다. 존재하는 모든 것의 자연적 발생과 그것들이 진화의 산물이라고 주장하는 사람들의 경우에는 더욱 그렇다.

모든 것이 우연히 저절로 발생해서 존재하게 되었다면, 무생물에서 유생물이 나왔다고 말하는 것이 진정 우습게 들리는 것처럼(생명 없음이 생명 있음이 된다는 것은 논리적으로 모순되고 비과학적이며 실제로 불가능한 일이다. 생명은 오직 생명에 의해서만 재생산된다), 빅뱅(big bang)으로 이해되는 대폭발에 의해 자연적으로 생긴 것에 질서가 있거나 질서가 잡혔다고 하는 것은 그 야말로 우스운 이야기다(어떻게 우연히 폭발에서-그런 이유로 무질서하게 됨. 폭발을 통한 질서란 있을 수 없기에-생긴 지구와 태양에 질서가 생겨나서 스스로 알아서 공전과 자전 작용을 해 나갈 수 있겠는가?). 우연히 발생한 것들에 질서가 세워질 만큼 그 안에는 지능적인 것이 없기 때문이다. 이 문제는 과학자들 사이에도 있는 회의이다. 물리학자인 에드워드 프레드킨(Edward Friedkin)은 이렇 게 말한다.

> 우주의 모든 것이 우연에 불과하다는 것을 나는 믿지 못하겠다…[그렇 다고 해서] 내게 어떤 종교적 신념이 있는 것도 아니다. 신이 있다고는 믿지 않는다. 기독교나 유대교, 기타 등등을 믿지는 않는다. 나는 무신 론자도 아니다…불가지론자도 아니다…나는 그저 단순한 상태에 있 다. 저기에 뭐가 있는지 혹은 뭐가 있을지 나는 잘 모르겠다. 그러나 다 른 한편으로 나는 이렇게 말할 수 있을 뿐이다. 우리가 아는 이 특정한 우주는 지성(intelligent)이라고 부를 만한 무엇인가의 결과임에 틀림없다.

게다가, 아무런 지능이 없이 발생했는데, 어떻게 후에 지능 같은 것 이 생길 수 있게 되었겠는가? 존재하는 모든 것(결과)은 그것들의 원인 에 의해서 존재하게 된다(그것이 과학적 사고가 아닌가?). 무에서 유가 나오 는 것이 아니라 유에서 유가 나오는 것이다. 그것은 질서나 지성에도 그대로 적용된다. 이런 점에서, 자연에 질서가 생겼다거나 무생물에서 유생물이 나왔다고 하는 것은 전혀 설득력이 없다(그것이 사실이라면, 지금 은 왜 그런 일이 일어나지 않는가? 이제는 그것이 불필요하기 때문에 진화의 과정 속에서 없어졌는가? 그 정도로 진화의 과정 자체가 지능적인가? 결코 그렇지 않다).

창조 질서 VS. 진화 생존

성서에는 "자연"이란 말이 없다. 그것은 성서적인 용어가 아니다. 사전에서 자연이란 말은 "우주 또는 세상에 스스로 존재하거나 저절로 이루어지는 모든 사물이나 현상" 또는 "천연으로 이루어지거나 생겨난 산이나 강이나 바다나 동물 등의 존재"를 의미한다. 따라서 자연이란 말을 간단히 정의하면 "스스로 존재하거나 이루어지는 것"을 말한다. 스스로 결과를 내는 것이 자연인 것이다. 이런 점에서, 자연이란 말은 결코 신앙적인 용어가 아니라고 말할 수 있다. 왜냐하면 성서는 모든 것이 '진정으로 스스로' 존재하시는 하나님으로부터 왔다고 가르치기 때문이다(그래서 그리스도인이 자연이란 말을 사용할 경우, 그것은 창조주 하나님에 의해 생겨난 창조세계/피조물을 의미하는 것이다. 하지만 그리스도인은 자연이란 말보다 창조세계 또는 피조물이란 말을 사용하는 것이 더 바람직하다).

자연 질서란 말과 대비되는 말로서, 그리스도인들이 사용하는 말은 "창조 질서"(the created order)라는 말이다. 좀 더 바르게 사용하자면, 창조된 질서, 곧 "지음 받아 존재하게 된 질서"를 말한다. 이 세상에는 질서가 있는데, 그것은 창조에 근거한다는 것이다. 그리고 그것이 의미하는 바, 이 세상에는 창조된 질서가 있다면 당연히 그것을 지어 존재하게 한 존재가 있다는 것이다. 성서는 그 존재를 가리켜 창조주 하나님(야웨/여호와)이라고 말한다.

사도행전 17장을 보면, 사도 바울은 아레오바고에서 아덴 사람들에게 설교(이 설교는 신에 대해서는 관심이 있으나 하나님을 알지 못하는 사람들에게 전하는 설교의 한 모범으로 여겨짐)하면서, "우주와 그 가운데 있는 만물을 지으신 하나님께서는 천지의 주재"(24절)이시며, 그분은 "만민에게 생명과 호흡과 만물을 친히 주시는 이"(25절)라고 전한다. 실제로, 우리는 창조 질서 안에서 창조주 하나님을 힘입어 살고 기동(move)하고 존재한다(28절).

이런 점에서, "창조 질서"란 말의 반의어는 "자연 질서"라기보다는 "진화 무질서 또는 진화 생존"이란 말이 더 적합하다고 여겨진다. 창조주를 인정하는 한에서 질서는 창조에 근거하지만, 창조주를 인정하지 않는 한에서 자연은 질서를 말할 수 없다. 피조물로서의 자연은 스스로 질서를 세울 수 없기 때문이다.

창조된 질서에 따른 삶을 지향하기

하나님이 창조하신 질서 안에서 그분의 피조물로서의 인간이 살아갈 때 그가 가장 먼저 해야 할 일은 자신의 마음을 새롭게 하는 것이다. 이전까지 가지고 있던 마음(특별히 자신을 섬기는 마음)을 바로 잡는 것이다. "해 아래"에 살면서 "해 위"를 보고 인정하는 것이다. "해 위," 곧 창조주 하나님을 인정하지 않는 세대를 본받지 않고 마음을 돌이켜 진화 무질서 또는 진화 생존 방식대로 살아가는 것이 아니라 창조 질서 안에서 살아가는 것이다.

바울은 창조된 질서 안에서 살면서도 그러한 사실을 부인하고 자연 질서(진화적 무질서)관을 가지고 살아가는 사람들에 대해서 이렇게 쓰고 있다.

> 창세로부터 그의 보이지 아니하는 것들 곧 그의 영원하신 능력과 신성이 그가 만드신 만물에 분명히 보여 알려졌나니 그러므로 그들이 핑계하지 못할지니라 하나님을 알되 하나님을 영화롭게도 아니하며 감사하지도 아니하고 오히려 그 생각이 허망하여지며 미련한 마음이 어두워졌나니 스스로 지혜 있다 하나 어리석게 되어 썩어지지 아니하는 하나님의 영광을 썩어질 사람과 새와 짐승과 기어다니는 동물 모양의 우상으로 바꾸었느니라…이는 그들이 하나님의 진리를 거짓 것으로 바꾸어 피조물을 조물주보다 더 경배하고 섬김이라 주는 곧 영원히 찬송할 이시로다.(롬 1:20–23, 25)

바울은 사람들이 "마음에 하나님 두기를 싫어"(28절)한다고 말한다. 그런 사람들은 스스로 자기 영광을 취한다. 예전과 마찬가지로 오늘날도 이것은 많은 사람들의 일반적인 모습이다. 자신들을 지으신 창조주 하나님을 거부하고 자신들이 원하는 삶을 살아가는 것이다. 그러나 "해 위," 곧 만물의 기원이자 근원이신 창조주가 없다면 "해 아래," 곧 자연이라고 불리는 피조물도 없다. 따라서 삶이 의미 있고 풍성하려면 마음을 새롭게 하고(무신론적 마음을 버리고 유신론적 마음을 갖는 것) 창조된 질서에 따른 삶을 지향할 필요가 있다. 보아는 아주 설득력 있게 이렇게 말한다. "우리 평생의 여정이 핵심을 놓친 채로 끝날 수 있다…하나님의 눈으로 인생을 보지 못하면 우리의 관점은 왜곡되고 우리가 이 땅에 존재해야 할 목적을 잃어버린다."

창조된 질서에 따른 삶의 출발점은 하나님을 믿고 섬기는 것이다. 그것이 "하나님의 선하시고 기뻐하시고 온전하신 뜻"(롬 12:2)이다. 하나님은 하늘에 계시고 인간은 땅에 있다(전 5:2). "해 아래"만 생각하는 사람은 자기 속에 갇힌 인생이다. 그런 인생은 삶의 목적이 이 세상에 묶이고 갇힌다(프랜시스 베이컨[Francis Bacon]의 동굴의 우상에서 말하는 것처럼). 결국에는 허무한 마음을 품고 흙으로 간다. 그러나 "해 위"를 생각하고 섬기는 사람은 하나님께 붙들린 인생이다. 그런 인생은 삶의 목적이 하늘에 잇대어지고 영원과 묶인다. 그런 사람만 유한한 세계를 넘어 무한한 세계를 품을 수 있다. 결국에는 영원한 하나님의 나라에 이른다.

하나님을 경외하는 삶

자신의 기원이 하나님께 있음을 인정하고 하나님께 붙들려 살아가는 사람들이 공통적으로 그리고 근본적으로 추구하는 것이 있다. 하나님을 섬기고 경외하는 것이다. 그것이 바로 창조된 질서를 인정하고 살아가는 사람의 이 세상에서의 삶의 목적이다. 보아는 이렇게 묻고 대답한다.

이 땅에서 당신은 무슨 목적을 가지고 있는가? 당신은 변함없는 존재의 이유와 인생의 원인과 환경을 초월하는 목적을 가지고 있는가? 만약 가장 고귀한 당신의 목적이 인격적이신 하나님과 그분의 성품을 아는 지식에서 자라가는 것이 아니라면, 내가 왜 여기 있는가라는 질문에 대한 당신의 답은 성경이 바라보는 인생관과 일치하지 않는다.

전도자는 창조된 질서에 따라 살아가는 인간의 삶의 근본 태도를 "하나님을 경외하는 삶"으로 이해한다(5:7; 12:13). 하나님을 경외하는 삶은 "그분 앞에서 두려워하고 겸손해지는 태도를 갖는 것이다"(보아). 이런 점에서, 참 지혜는 "우리가 피조물의 신분임을 깨닫고, 우리 삶의 모든 행사에 전적으로 그분을 의지할 필요가 있다는 것을 깨닫는 것"(보아)이다.

자녀가 부모를 섬기고 존중하는 것이 상식이고 도리이듯이, 피조물인 인간이 창조주 하나님을 경외해야 한다는 것도 상식이고 도리이다. 그런 점에서, 영적으로 볼 때 이 세상에는 몰상식하고 도리에 어긋난 사람들이 너무 많다고 할 수 있다. 그들은 하나님의 말씀과 복음의 진리를 거부한다. 예수님은 이런 자들을 향해 이렇게 말씀하셨다. "거룩한 것을 개에게 주지 말며 너희 진주를 돼지 앞에 던지지 말라 그들이 그것을 발로 밟고 돌이켜 너희를 찢어 상하게 할까 염려하라"(마 7:6). 그들은 복음의 가치를 깨닫지 못하고 짓밟는다. 그러나 언젠가 하나님의 심판 때가 되면, 그들의 그런 부정하고 교만한 마음이 짓밟히게 될 것이다. 그러한 사람들은 "바깥 어두운 데 쫓겨나 거기서 울며 이를 갈게 되리라"(마 8:12).

전도자가 자신의 삶에 근거하고 또 세상에 대한 성찰을 바탕으로 이 세상의 삶을 헛되고 허무한 것으로 정의할 때, 그는 궁극적으로는 이것-하나님을 경외하는 삶-을 의도했다. 사람들로 하여금 하나님을 경외하는 삶을 통해 헛되고 허무한 삶에서 벗어나도록 도울 의도였다. "일의 결국을 다 들었으니 하나님을 경외하고 그의 명령들을 지킬지어다 이것이 모든 사람의 본분이니라"(전 12:13). 하나님을 섬기며 사는 것은 바로 이것, 곧 하나님을 경외하는 삶에 맞춰진다. 참된 인간의 삶은 이것에서 시작되고 이것으로 끝난다.

경외는 무엇보다도 마음의 태도이다. 그래서 우리는 계속해서 하나님을 경외하는 태도를 기를 필요가 있다. 하나님을 거부하는 잘못된 세상, 잘못된 세대를 본받지 않고 계속해서 마음을 새롭게 하고 변화를 받는 삶을 추구해야 한다(롬 12:2). 그럴 때만 계속해서 믿음의 진보를 이루어 갈 수 있게 된다.

특히, 하나님을 경외하는 삶의 출발점은 하나님께 대한 예배이다. 전도자는 그것을 이렇게 표현한다. "너는 하나님의 집에 들어갈 때에 네 발을 삼갈지어다 가까이 하여 말씀을 듣는 것이 우매한 자들이 제물 드리는 것보다 나으니 그들은 악을 행하면서도 깨닫지 못함이니라"(5:1). 하나님의 집에 들어가는 것은 하나님을 예배하기 위함이다. 예배는 섬김의 바탕이다. 그것은 "제자도의 삶에서 중요한 행위들 중 하나이다"(Eugene H. Peterson). 그래서 예배자의 태도는 진지해야 한다. 하나님은 "참되게 예배하는 자들," 곧 "영과 진리로 예배"하는 사람들을 찾으신다(요 4:23-24). 이와 같이, 예배는 자발적인 것이다. 결코 강제적인 것이 아니다. "예배하는 모든 사람은 자신이 예배하기를 원하기 때문에 그렇게 한다"(Peterson).

하나님을 섬기고 예배하는 삶은 언제나 하나님의 말씀을 바탕으로 진행된다. 하나님의 말씀을 중시하는 것은 하나님의 사람의 특징이다. 스티븐 올포드(Stephen E. Olford)는 하나님의 말씀인 성서와 관련하여 하나님의 사람의 세 가지 특징을 말한다. 첫째, "하나님의 사람은 성서에 헌신적이어야 한다." 둘째, "하나님의 사람은 성서에 의해 지도를 받아야 한다." 셋째, "하나님의 사람은 성서에 의존해야 한다."

다른 한편으로, N. T. 라이트(N. T. Wright)는 교회가 하나님의 나라를 섬겨갈 때 구비해야 할 특징 네 가지를 강조한다. 첫째는 "기도 가운데 성경에 귀 기울이는 것"이고, 둘째는 "성경과 힘껏 씨름하는 것"이다. 셋째는 "성경에 겸손하게 순복하는 것"이고, 넷째는 "성경을 강력하게 선포하는 것"이다. 올포드가 강조하는 것처럼, 하나님의 사람과 성서는 나뉠 수 없다. 라이트가 주장하는 것처럼, 하나님의 교회는 성경 중심적이어야 한다. 그러므로 하나님을 섬기는 예배자와 교회는 하나님의 말씀을 존중하면서 함부로 경거망동하지 않아야 한다.

창조된 질서에 따른 삶을 추구하는 것이 가장 좋은 삶의 방식이다. 그런 삶을 살아가는 것이 결코 쉽거나 저절로 되는 것은 아니지만, 그럼에도 그것이 헛됨을 벗어나는 길이고 그런 삶에는 하나님으로부터 오는 의미와 생명이 풍성하다. 지각이 있는 사람은 이 말을 받아들인다. "여호와를 경외함이 지혜의 근본이라 그의 계명을 지키는 자는 다 훌륭한 지각을 가진 자이니 여호와를 찬양함이 영원히 계속되리로다"(시 111:10). 아멘.

6.
악하고 부조리한 세상과 의로우신 창조주 하나님

찬송가 478장은 창조세계를 이렇게 노래한다. "참 아름다워라 주님의 세계는 / 저 솔로몬의 옷보다 더 고운 백합화 / 주 찬송하는 듯 저 맑은 새소리 / 내 아버지의 지으신 그 솜씨 깊도다." 반면에 486장은 이 세상의 상태를 이렇게 노래한다. "이 세상에 죄악된 일이 많고 / 참 죽을 일 쌓였구나 / 내 주 예수 날 건져 주시오니 / 곧 평안히 쉬리로다…."

우리가 사는 세상은 위의 두 찬송이 함께 불릴 수 있는 세상인 것 같다. 다시 말하면, 환경으로서의 세상, 곧 물질세계로서의 세상은 참으로 아름답다. 그래서 우리는 창조세계를 보면서 창조주 하나님을 향해 "참 아름다워라 주님의 세계는"이라고 노래할 수 있다. 반면에 인류로서의 세상은 그렇게 아름답지 못하다. 그래서 우리는 악한 세상을 향해 "이 세상에 죄악된 일이 많고"라고 노래하지 않을 수 없다.

이처럼, 이 세상은 아름다운 세상이면서 동시에 죄악된 일이 많은 타락한 세상이다. 선과 악이 공존하는 곳이다.

선한 창조 그러나 악한 현실

앞에서 계속해서 말해 왔듯이, 무엇보다도 성서는 이 세상의 존재와 관련하여 두 가지를 명확하게 진술한다. 하나는, 이 세상은 창조주 하나님에 의해서 시작되고 존재하게 되었다는 것이다(창 1:1). 뿐만 아니라 하나님에 의해서 유지된다. 다른 하나는, 하나님의 창조는 선했다고 하는 것이다(창 1장). 그것이 이 세상에 대한 성서적 진술이다.

그러나 우리가 사는 세상의 현실은 그와는 사뭇 다르다. 하나님의 선한 창조세계에는 불합리하고 악한 일이 너무나 많다. 라이트가 말하는 것처럼, "우리가 살고 있는 세상은 정말 부조리한 곳이다." 그리고 글로리아 덜카(Gloria Durka)는 우리가 살아가는 세상에 대해 이렇게 말한다.

세상은 어려움에 처해 있다. 심지어는 가장 어린 학생도 그것을 깨닫는다. 오존층의 감소, 수자원의 오염, 열대우림의 파괴, 길거리나 가정에 폭력의 만연, 그리고 전 세계에서 벌어지는 무자비한 살인을 청소년들은 매일 우리의 첨단 기술매체를 통해 알게 된다. 그들은 기회가 있을 때마다 하나님의 창조세계를 돌보고 존중하는 마음을 길러야 한다.

그러면 왜 이런 문제가 생기는가? 이런 문제의 근원은 어디에 있는가? 어떻게 해서 선한 창조 세계가 부조리하고 악한 세상이 되었고 또 그렇게 되어 가는가? 이 세상에는 원래부터 이런 문제가 있었는가? 아니면 어느 시점에서 문제가 생긴 것인가? 진화론적 관점에서는 이것에 대한 명확한 답을 찾기가 어렵다. 반면에 성서적·기독교적 관점은 이것에 대한 명확한 답을 제공한다.

하나님의 선한 창조세계는 하나님의 대적자인 사탄이 자신이 하나님께 반역한 것처럼 하나님의 피조물인 인간으로 하여금 하나님을 반역하도록 유혹하면서 곧바로 위기에 처하게 되었다. 사탄은 인간에게 와서 하나님이 금하신 선악을 알게 하는 나무의 열매를 "먹는 날에는 너희 눈이 밝아져 하나님과 같이 되어 선악을 알"게 될 것이라고 유혹했다(창 3:5). 아담과 하와는 유혹에 빠졌다. 그로 인해, 인간은 하나님과의 관계가 단절됨으로써 영적으로 죽고 인간의 본성은 타락하게 되었다.

데이비드 휫튼 스미스(David Whitten Smith)는 이렇게 말한다.

모든 죄와 모든 불행은 근본적인 본래의 불신행위(act of broken faith)에서 나온다. 창세기가 이 최초의 사건을 시각화하듯이(3-11장), 아담과 하와가 하나님을 믿고 신뢰하고 순종하기를 거부했기 때문에 모든 충실한 관계들-하나님과 우리의 관계 그리고 우리 서로와의 관계-이 깨지게 된다. 의심과 자기 본위가 세상에 들어온다. 성서의 나머지 부분은 모두 그 최초의 반역을 회복하려고 하는 신-인의 모험(the divine-human adventure)을 역사에 남긴다. 근본적인 죄는 근본적인 치유를 필요로 한다.

이런 점에서, 인간의 범죄는 인간의 의지적 행위의 결과라고 말할 수 있다. 죄를 거부하는 것도 인간의 의지적 행위이다. 하나님의 심판은 이러한 인간의 의지적 행위에 대한 심판이다. A. W. 토저(A. W. Tozer)는 이렇게 말한다. "인간의 본성에서 모든 악의 뿌리는 의지(will)의 타락이다. 마음(heart)의 생각과 의도가 잘못되면 결과적으로 삶 전체가 잘못된다. 회개는 일차적으로 도덕적 목적의 변화, 곧 영혼의 방향을 갑작스럽게 그리고 종종 맹렬하게 바꾸는 것이다." 인간은 죄와 악에서 자발적으로 돌아서야 한다. 그것이 하나님이 가인에게 하신 말씀, 곧 "선을 행하지 아니하면 죄가 문에 엎드려 있느니라 죄가 너를 원하나 너는 죄를 다스릴지니라"(창 4:7)고 하신 말씀의 의도이다.

인간의 타락의 결과로 세상에는 죄가 들어왔다. 바울은 이것을 이렇게 말했다. "한 사람으로 말미암아 죄가 세상에 들어오고 죄로 말미암아 사망이 들어왔나니 이와 같이 모든 사람이 죄를 지었으므로 사망이 모든 사람에게 이르렀느니라"(롬 5:12).

전도자는 이 점을 분명하게 인정한다. 전도자에게 있어서 인간은 잘못된 행위를 통해 문제를 지니게 된 존재다(물론, 그 근저에는 잘못된 생각과 의지가 있었다). "내가 깨달은 것은 오직 이것이라 곧 하나님은 사람을 정직하게 지으셨으나 사람이 많은 꾀들을 낸 것이니라"(잠 7:29). 그것이 "해 아래"에서 살아가는 인간의 모습이다. 하나님은 인간을 바르고 정직하게 지으셨음에도 불구하고, 인간은 잔꾀를 부렸고 그 잔꾀가 하나님의 선한 창조를 그르쳤다. 그로 인해 하나님의 창조 세계에 문제가 생기게 되었다. 그러므로 인간 세상의 부조리는 하나님에 대한 인간의 거부/반역과 자기 의지에서 비롯되었다고 말할 수 있다.

죄, 성서가 말하는 인간 세상의 가장 중대한 문제

죄는 결코 사소한 것이 아니다. 세상의 악은 관념적이지 않다. 죄와 악은 중대하고 지배적이며 현실적이다. 죄의 영향력은 이 세상 전체를 고통 가운데 처하게 할 만큼 강력하다. 죄는 우리 가까이 있고 또 우리를 간절히 원한다. 그러나 죄는 언제나 하나님의 뜻에 반한다. "죄는 하나님이 사물이 존재하기를 원하시는 방식을 방해한다"(Cornelius Plantinga, Jr). 그래서 하나님은 죄를 몹시 싫어하실 뿐만 아니라 단호하고 심각하게 다루신다(하나님의 심판은 그런 맥락에서 이해되어야 한다).

성서는 하나님의 창조를 찬양하고 긍정하면서도 성서가 인간 세상, 곧 "해 아래"의 인간의 삶을 묘사하는 것은 다소 부정적이다. 성서는 각각 이렇게 증언한다. "여호와께서 사람의 죄악이 세상에 가득함과 그의 마음으로 생각하는 모든 계획이 항상 악할 뿐임을 보시고"(창 6:5). "그 때에 온 땅이 하나님 앞에 부패하여 포악함이 땅에 가득한지라 하나님이 보신즉 땅이 부패하였으니 이는 땅에서 모든 혈육 있는 자의 행위가 부패함이었더라"(창 6:11-12). "모든 사람이 죄를 범하였으매 하나님의 영광에 이르지 못하더니"(롬 3:23). 그러나 이러한 언급은 성서가 인간 세상을 염세적이거나 비관적으로 본다는 것을 의미하지는 않는다. 단지 세상에 관한 객관적인 사실을 증언하는 것이다. 세상의 상태를 현실 그대로 평가하는 것이다.

전도자가 보는 세상도 그와 다를 바 없었다. 그의 눈에 비친 세상, 곧 "해 아래"의 세계는 부조리와 부정이 만연해 있는 세상이었다. 전도자는 이렇게 말했다. "내가 다시 해 아래에서 행하는 모든 학대를 살펴보았도다 보라 학대 받는 자들의 눈물이로다"(4:1). "너는 어느 지방에서든지 빈민을 학대하는 것과 정의와 공의를 짓밟는 것을 볼지라도 그것을 이상히 여기지 말라"(5:8). 왜 그런가? 그것이 하나님을 거부하고 자기중심적이고 타인 지배적으로 살아가는 타락한 인간의 삶의 일반적인 모습이기 때문이다.

이러한 죄악이 가득한 삶은 분명 하나님을 떠나 죄 가운데 살아가는 사람들이 만들어 내는 삶의 당연한 모습일 것이다. 이런 점에서 그리고 모든 면에서, 이 세상의 문제는 결국 인간의 문제라고 해도 과언은 아니다. 모든 문제는 사탄의 지배를 받는 인간으로부터 비롯된다. 환경으로서의 세상의 문제는 인류로서의 세상의 문제에서 비롯되었고 또 비롯된다. 인간이 문제인 것이다. 그래서 인간은 구원과 치유를 필요로 하며, 하나님은 그러한 인간을 공정하게 다루신다. 자신의 창조세계와 자신을 섬기는 사람들을 돌보기 위해서다.

인간, 하나님의 처소

앞에서 덜카는 문제가 많은 세상을 성찰하면서 우리는 창조세계를 돌보고 존중하는 마음을 길러야 한다고 주장한다. 옳은 말이다. 그것은 아무리 강조해도 지나치지 않는다. 환경문제로 인해 인류가 위기에 직면해 있는 오늘날에는 더욱 그렇다.

그러나 그것보다 우선하는 것이 있다. 그 모든 것의 근원인 창조주 하나님을 믿고 섬기고 경외하는 것이다. 왜냐하면 피조물에 대한 돌봄과 존중은 그것들을 지으신 창조주 하나님을 경외하는 마음에서 나오기 때문이다. 창조주를 잃어버리거나 인정하지 않을 경우, 유대교 인격주의 철학자 마틴 부버(Martin Buber)의 용어를 빌어 설명하자면 모든 것은 인격적인 너(thou)가 아니라 비인격적인 그것/객체(it)로 전락하게 되기 쉽다. 그래서 인간을 포함하여 모든 피조물을 돌보려면, 무엇보다도 "하나님에 대한 믿음이 우위를 점해야 한다"(Alice Laffey). 그것이 바른 존재론적 순서이다.

토저가 말하는 것처럼, 본래 인간은 "하나님의 거처"(the dwelling place of God)였고 또 그렇게 되도록 의도되었다. "인간의 존재(being)의 깊이 숨겨진 중심에는 삼위 하나님의 거처가 되기에 알맞은 곳(bush)이 있다. 거기에서 하나님은 거하시면서 도덕적이고 영적인 불로 빛날 계획을 세우셨다." 그러나 인간은 하나님을 거부하고 죄를 지음으로써 하나님의 거처로서의 자신을 잃어버렸다. 하나님은 더 이상 그 안에 거하실 수 없게 되었고 인간은 자신을 위해 마련된 최고의 환경에서 추방되고 말았다. 인간은 낙원을 잃어버리게 되었을 뿐만 아니라 더 불행하게는 자신 안에 있는 하나님의 내적 "집," 곧 임재의 자리를 잃어버리게 된 것이다.

인간은 자신 안에 하나님의 거처를 상실함으로써 내적 궁핍, 곧 영적인 공허감을 느끼는 존재로 전락하고 말았다. 이 공허감은 하나님을 떠난 모든 인간의 공통적인 특성이며 하나님 외에 그 어떤 것으로도 채워지지 않는 영적이며 근본적인 것이다.

다행히, 하나님은 인간을 불쌍히 여기시고 다시 그들을 거처로 삼기를 원하셨다. 하지만 이번에는 인간을 자신의 직접적인 거처로 삼지 않으시고 대신에 이 땅에 자신이 마련하신 곳(임시적인 자신의 거처)으로 부르셔서 그곳에 만나주셨다. '하늘에 계신 하나님이 땅에 있는 인간'(5:2)을 만나주신 것이다. 이 지상적 거처가 바로 성막이고 성전이다. 전도자는 이 지상적 거처를 "하나님의 집"(5:1)이라고 불렀는데, 하나님 자신도 이사야 선지자를 통해서 "내 집은 만민이 기도하는 집"이라고 말씀하심으로써 성전이 자신의 지상적 거처/집이라는 사실을 선언하셨다. 그리고 후에 예수님도 그 말씀을 인용하시면서 예루살렘 성전을 가리켜 "기도하는 집"으로 선포하셨다(마 21:13; 막 11:17; 눅 19:46).

그러나 예수님 자신이 하나님의 성전, 하나님의 거처(예수님은 자신이 아버지 하나님 안에 거하시고 아버지 하나님이 자신 안에 거하신다고 말씀하셨다[요 10:38; 14:10-11; 17:23])로서 십자가에 달려 죽으셨다가 부활하신 뒤에 성령을 통해 우리 안에 거하심으로 자신을 믿고 영접하는 사람들을 다시금 하나님의 성전, 곧 하나님의 거처가 되게 해 주셨다. 사도 바울은 고린도 교인들을 향하여 "너희가 하나님의 성전인 것과 하나님의 성령이 너희 안에 계시는 것을 알지 못하느냐"(고전 3:16)라고 말했고, 또한 "너희 몸은 너희가 하나님께로부터 받은 바 너희 가운데 계신 성령의 전인 줄을 알지 못하느냐"(고전 6:19)라고도 말했다. 그리고 예수님은 "볼지어다 내가 문 밖에 서서 두드리노니 누구든지 내 음성을 듣고 문을 열면 내가 그에게로 들어가 그와 더불어 먹고 그는 나와 더불어 먹으리라"(계 3:20)고 말씀하셨다.

이와 같이 이제는 누구든지 예수 그리스도를 믿으면 하나님의 집/거처가 될 수 있고, 이런 점에서 예수 그리스도에 대한 믿음은 인간의 하나님 집/거처됨의 조건이다(교회당은 하나님의 성전들이 모여 하나님을 섬기고 예배하는 물리적인 곳이다). 그리고 예수 그리스도를 믿는 믿음을 통해 다시금 하나님의 거처가 되는 사람들은 자신의 내면의 존재론적/본질적 공허감을 벗을 수 있게 된다. 의미 있는 삶을 새롭게 살 수 있게 되는 것이다.

악한 세상에서 하나님의 의를 추구하며 살기

지금까지의 논의를 바탕으로 판단해 보면, 인간의 모든 문제와 악한 세상에 대한 유일한 해결책은 모든 인간이 창조와 구속의 주 하나님을 믿고 섬기면서 자신을 하나님의 거처가 되게 하는 것이다. 이것은 하나님의 나라가 완성될 때까지 인간의 문제가 완전히 해결될 수 없고 악한 현실이 온전하게 바뀔 수 없음을 의미한다. 왜냐하면 모든 인간이 하나님을 믿고 섬김으로써 자신을 하나님의 거처로 삼는 것은 아니기 때문이다. 그래서 사도 바울은 "믿음은 모든 사람의 것"이 아니라고 말했다(살후 3:2).

지금까지 그랬던 것처럼, 예수 그리스도께서 재림하실 때까지 많은 인간이 하나님께 반역할 것이다. 하지만 그 때 하나님은 그런 사람들을 심판하시고 그에 합당하게 징벌하실 것이다. 라이트가 말하는 것처럼, 심판은 하나님이 "창조세계를 최종적으로 바로잡는 수단으로 작용"할 것이다. 실제로, 하나님의 심판은 악한 현실과 죄악된 인간에 대한 교정책이다(하나님의 심판의 문제에 대해서는 12장에서 좀 더 자세하게 논의할 것이다).

그러면 이러한 현실 속에서 그리스도인들은 어떻게 살아가야 하는가? 인류로서의 세상은 악하다는 것을 인정하고 현실을 직시하면서 하나님의 말씀의 안내를 받되 이기게 하시는 성령의 능력을 힘입으면서 계속해서 하나님의 의와 거룩한 삶을 추구하는 것이 아닐까? 그것이 전도자가 "너는 하나님의 집에 들어갈 때에 네 발을 삼갈지어다 가까이 하여 말씀을 듣는 것이 우매한 자들이 제물 드리는 것보다 나으니 그들은 악을 행하면서도 깨닫지 못함이니라"(5:1)고 말한 이유가 아닐까? 진정 그것이 "해 위의 삶"을 추구하는 것이고 인생의 참된 의미를 얻는 방법임에 틀림없다.

7.
시간과 인간의 삶

　대부분의 아이들처럼, 나도 어릴 때는 빨리 어른이 되고 싶었다. 어른이 되면 별다른 제약을 받지 않고 하고 싶은 것을 자유롭게 할 수 있을 것이라고 생각했고, 또 어른의 세상은 특별한, 아주 특별한 무언가가 있을 것이라고 생각했기 때문이다.

　어느 새, 적지 않은 시간이 흘러 바라던 대로 어른이 되었지만, 어른이 되어도 마냥 자유롭게 처신할 수 없을 뿐만 아니라 어른의 세상에도 그리 특별한 것이 없음(?)을 알게 되었다. 그리고 이제는 시간이 흐르면 흐를수록, 그렇게 흘러가는 시간이 아쉽게 느껴지곤 한다. 시간의 흐름이 너무 빠르다는 생각을 떨쳐 버릴 수가 없다. 시간이 강물처럼 잘도 흘러간다.

시간 안에 있는 인간의 유한한 삶

독일의 철학자 마르틴 하이데거(Martin Heidegger)는 『존재와 시간』(Being And Time/Sein Und Zeit)에서 존재의 본성에 대해 물으면서, 인간을 "다자인"(Dasein), 곧 "거기에 있는 존재," 다른 말로 하면 세상 안에 있는 존재(Being-in-the-world)로 정의한다. 그러니까 "다자인"은 "현존재," 또는 "현실 존재"로서 시간적이며 일시적인 존재를 의미한다.

이런 점에서 볼 때, 인간됨의 성질은 일시성과 현재성 그리고 유한성이다. 하이데거에 따르면, "일시성(temporality)은 다자인의 존재를 구성한다." 그리고 "실존에 속하는 존재의 상태로서의 역사성(historicality)은 본질적으로 일시성이다." 인간 존재의 이런 특징은 인간 안에 덧없음과 허무함의 감정을 불러일으킨다. 일시성과 허무함은 밀접하게 관련되어 있다.

인간 존재의 본질에 대한 하이데거의 설명은 인간됨의 성질을 잘 말해 준다. 모든 존재는 세상이라는 거기에서 시간 안에 존재한다(모든 존재는 "거기"라는 특정한 장소를 떠나 살 수 없듯이 "지금"이라는 특정한 시간을 벗어날 수 없다). 인간도 시간적 존재이다. 인간은 시간 안에서 거기, 곧 세상-하나님의 창조세계-에 존재하며 그 존재는 유한하고 일시적이다. 누구도 이 현실성을 벗을 수 없다.

성서적·기독교적 시간이해는 독특하다. 만물과 더불어 시간은 하나님의 피조물이다. 라이트는 이렇게 말한다. "하나님이 세상을 창조하셨을 때 그 창조된 것 속에는 '시간'도 포함됨을 의미한다. 즉 하나님은 세상과 그 안에서 일어나는 사건들의 진행을 뜻하는 시간을 창조하셨으며, 이 시간 안에 계시거나 최소한 시간과 연관을 맺고 계심을 알 수 있다." 그래서 인간의 삶은 흘러가는 시간 안에서의 삶이다. 하나님의 피조물로서의 인간도 피조된 시간 안에서 일시적으로 유한하게 존재하다가 떠나간다. 그것이 인간 존재의 특성이다.

이런 맥락에서 시인은 "내가 평생토록 여호와께 노래하며 내가 살아 있는 동안 내 하나님을 찬양하리로다"(104:33)라고 노래한다. 시인은 여기에서 "평생," 곧 "내가 살아 있는 동안"이라고 말함으로써 자신의 삶의 유한성을 분명히 한다. 인간의 이 세상의 삶은 죽음 이전의 삶이다. 살아 있는 동안만 이 세상에서의 우리의 삶이다.

이처럼, "해 아래"의 삶은 일생이다. 한 번의 삶이다. 반면에 "해 위"의 삶은 영생이다. 영원하신 예수님과 함께 영원한 삶이다. 예수님이 이 땅인 "해 아래"로 오신 것은 일생의 사람들에게 "해 위"의 삶인 하나님 나라의 영생을 주시고 하나님 나라의 백성으로 살게 하기 위함이었다.

전도자도 시인이 말한 "(이 세상에) 살아 있는 동안"으로서의 인간의 삶의 시간을 "사람들이 사는 동안"(3:12)으로 말한다. 그렇지만 그는 동시에 "사람들이 사는 동안"을 "네 헛된 평생의 모든 날," 즉 "하나님이 해 아래서 네게 주신 모든 날"(9:9)이라고 정의한다. 해 아래에서의 삶은 그렇게 유한하고 일시적이다.

시간 안에서 살아가는 삶에 담기는 여러 모습들

우리가 사는 세상에는 좋은 일과 나쁜 일을 포함하여 많은 일들이 일어난다. 신자에게나 불신자에게나 동일하게 일어난다. 전도자는 9장 2절에서 세상사의 일반적인 모습에 대해 이렇게 말한다. "모든 사람에게 임하는 그 모든 것이 일반이라 의인과 악인, 선한 자와 깨끗한 자와 깨끗하지 아니한 자, 제사를 드리는 자와 제사를 드리지 아니하는 자에게 일어나는 일들이 모두 일반이니 선인과 죄인, 맹세하는 자와 맹세하기를 무서워하는 자가 일반이로다."

전도자의 이러한 진술은 전도서 3장에서 더 구체적으로 묘사되었다.

> 범사가 기한이 있고 천하 만사가 다 때가 있나니 날 때가 있고 죽을 때가 있으며 심을 때가 있고 심은 것을 뽑을 때가 있으며 죽일 때가 있고 치료할 때가 있으며 헐 때가 있고 세울 때가 있으며 울 때가 있고 웃을 때가 있으며 슬퍼할 때가 있고 춤출 때가 있으며.(2-4절)

그는 계속해서 말한다.

> 돌을 던져 버릴 때가 있고 돌을 거둘 때가 있으며 안을 때가 있고 안는 일을 멀리 할 때가 있으며 찾을 때가 있고 잃을 때가 있으며 지킬 때가 있고 버릴 때가 있으며 찢을 때가 있고 꿰맬 때가 있으며 잠잠할 때가 있고 말할 때가 있으며 사랑할 때가 있고 미워할 때가 있으며 전쟁할 때가 있고 평화할 때가 있느니라.(5-8절)

이 진술은 인간의 삶의 일반적인 모습을 설득력 있게 묘사한다고 볼 수 있다.

더욱이, 이 세상에서는 우리가 이해하기 힘든 일들도 많이 일어난다. 전도자가 말하는 것처럼, "악인들의 행위에 따라 벌을 받는 의인들도 있고 의인들의 행위에 따라 상을 받는 악인들도 있다"(8:14). 모순적이게도, 대단히 모순적이게도 악인들이 그들의 행위에 따라 마땅히 받아야 할 벌을 의인들이 받기도 하고, 의인들이 그들의 행위에 따라 마땅히 받아야 할 상을 악인들이 받기도 한다.

우리는 그런 역설적이고 모순적인 상황에 대해 많은 것을 알지 못한다. 이런 상황은 우리로 하여금 인간 역사 안에서의 하나님의 통치, 돌보심 그리고 공의 등과 관련하여 많은 물음을 품게 한다. 악의 문제에 대해서는 더욱 그렇다. 그런 상황에서 우리는 종종 하나님의 주권과 섭리에 대해 회의적이 될 때가 있다. 이런 문제와 관련하여, 제럴드 브레이(Gerald Bray)는 이렇게 말한다. "왜 하나님은 악이 존재하도록 용인하시는지, 또는 왜 내생에서는 행복을 위해 운명이 정해진 신자들이 이생에서는 고난을 받아야 하는지 아무도 모른다." 그는 이렇게도 말한다.

우리는 하나님이 자신의 피조물에 대해 주권을 쥐고 계시고 그러므로 일어나고 있는 모든 것을 통제하고 계심이 틀림없다는 것을 알고 있다. 그러나 우리는 또한 그분의 피조물 중 몇몇이 자신들의 자유의지로 그분께 반항했다는 것도 알고 있다. 이 명백히 양립할 수 없는 것들이 어떻게 논리적으로 일관되게 조화를 이루게 될 수 있을까?

　다른 한편으로, 조셉 스토웰(Joseph M. Stowell)은 자신의 책 『영원』 (Eternity)에서 신실한 그리스도인 부부인 스코트(Scott)와 자넷(Janet) 가족의 비극적인 이야기(그들이 자녀 6명과 함께 다른 자녀들을 방문하러 가고 있을 때 앞서 가던 트럭에서 커다란 금속조각이 떨어져 그들이 타고 있던 차의 연료탱크를 관통했고 그로 인해 가스에 불이 붙으면서 차 전체가 불에 휩싸이게 되었다. 그런 상황에서 두 부부는 간신히 살아났지만 여섯 자녀는 모두 죽음을 면치 못했다)를 다루면서 비슷한 물음을 제기한다. 조금 길지만 우리의 논의를 위해 필요하다고 여겨져서 그대로 인용하고자 한다.

　　우리의 불완전한 세상에는 불공평(inequalities)이 아주 많다. 자기 과실이 없는 데도 학대를 당해 온 사람들, 곧 안전하지 못하고 폭력적인 환경에서 성장해 온 사람들을 생각해 보라. 그리고 경건한 가정에서 자란 자녀들 중에는 파괴적이고 반항적인 생활양식으로 그들의 부모를 슬픔에 잠기게 하는 이들이 있다는 사실을 우리는 어떻게 해명할 수 있을까? 평온함을 산산이 깨버리고 자녀들의 꿈을 뭉개버리는 걷잡을 수 없는 부모들은 또 어떤가? 또는 소득이나 명성은 거의 생각하지 않은 채 작고 잘 알려지지 않은 목회지에서 자신의 전 생애를 바치는 충실한 목사는 어떤가? 그리고 더 크고 더 좋고 더 안락한 목회지를 차지(land)하는 다른 사람들보다도 그가 더 열심히 일하고 심지어는 자신의 주님께 더 충실할지도 모른다는 사실은 어떤가? 왜 하나님은 다른 사람들이 아주 많이 가질 때 그에게는 아주 적게 주시는가?

또는 그리스도를 자기 주님으로 주장했음에도 평안과 즐거움이 증대하기는커녕 자신의 헌신 때문에 문제들과 도전들에 직면하는 사람들을 생각해 보라. 또는 그분과 더 깊고 더 친밀한 관계를 경험하기를 원하는 우리가 최고의 순간에서조차도 우리 마음이 최종적으로, 충만히 그리고 완전히 만족하게 되지 못하는 간격이 있다는 것을 깨닫게 되는 것은 왜 그런가? 그리고 그분이 아주 침묵하시고 아주 멀리 계신 것처럼 느껴지는 때들은 어떤가?

보통의 선량한 사람들이 결코 인생에서 성공할 수 있을 것 같지 않은 것은 어떤가? 어떤 사람들은 나쁜 사람들보다 더 어렵게 살아가고, 올바르지 않은 것을 추진하기 위해 조작하고 자기들의 힘과 부(prosperity)를 사용하는 많은 사람들보다 훨씬 적게 갖지 않는가?

왜 악인들이 번영하는 것처럼 보일 때 의인들은 그토록 자주 어렵게 살아가고 고통을 당하는가?

우리 모두는 이와 같이 마음을 어지럽게 하고 겉으로 보기에는 대답할 수 없는 물음들이 우리 신앙의 정당성을 문제 삼았던 때와 방식의 목록을 작성할 수 있을 것이다.

그러한 회의와 물음은 정확히 시편 73편의 시인 아삽이 경험한 것이다. 그는 아주 오래 전에 사회 속의 불공정성 또는 이해하기 힘든 상황을 보면서 그러한 목록을 작성했다. 아삽은 하나님이 "이스라엘 중 마음이 정결한 자에게 선을 행하"신다고 믿었다(1절). 그러나 그가 경험하는 현실은 많이 달랐다. 현실에서는 악인들이 잘 되고 형통했다. 그들은 죽을 때도 고통이 없고 힘이 강하고 셌다. 일반 사람들이 당하는 고난이나 재앙도 당하지 않으며, 교만하고 폭력적이었다. 좋은 것을 많이 먹고 잘 먹은 나머지 눈이 솟아나올 정도가 되고 소득은 생각할 수 없을 만큼 많았다. 사람들을 능욕하고 악하고 거만하게 말하며, 더욱이 그들의 사람들이 "하나님이 어찌 알랴 지존자에게 지식이 있으랴"(11절)고 조롱하기까지 했다. 그럼에도 하나님은 아무런 심판도 내리지 않으셨다.

그와 같은 도저히 이해하기 힘든 상황(이것은 오늘날 우리 시대의 상황을 그대로 반영한다)에서 시인은 그 모든 것을 이해해보려고 애쓰다가 심한 고통을 경험하게 되었다. 그러다가 하나님의 성소에 들어가서 그들의 최종적인 운명을 깨닫게 되었다. 그들은 결국 하나님에 의해 파멸되고 전멸됨을 알게 된 것이다. 그리고는 이렇게 고백했다. "내가 항상 주와 함께 하니 주께서 내 오른손을 붙드셨나이다 주의 교훈으로 나를 인도하시고 후에는 영광으로 나를 영접하시리니 하늘에서는 주 외에 누가 내게 있으리요 땅에서는 주 밖에 내가 사모할 이 없나이다"(23-25절).

아삽은 이해하기 힘든 현실 상황을 보면서 마음의 혼란을 겪기도 했지만 자신의 삶을 하나님과 관련하여 이해함으로써 자신의 믿음을 지킬 수 있었다.

아삽의 이야기는 비슷한 상황에 처해 있던 한 젊은 부부에게 자신들의 삶을 이해하는 틀로 작용했다.

메리(Mary)와 샘(Sam)은 자신들의 삶의 상황과 싸우고 있었다. 그들은 가진 것이 없었다. 샘은 직업이 없었고 메리는 한 카페에서 접시닦이로 일하고 있었는데, 그 주인은 신을 믿지 않는 사악한 사람으로

종업원들을 빈번히 착취했다.

그 두 사람은 하나님을 참되게 추구하는 그리스도인들이었지만 종종 하나님의 부재를 느끼곤 했다. 그들은 아이를 갖고 싶었지만 아이를 기르는데 드는 비용을 감당할 수 있을 것 같지 않았다. 게다가. 근본적으로 그들은 자신들의 믿음이 좋은지 의아심이 들었다. 하나님을 포기한다면 진정 사정이 더 나빠질 것인가? 그런 생각이 그들 마음에 맴돌았다.

그러나 어느 날 그들은 경건의 시간을 갖다가 우연히 시편 73편을 발견하게 되었다. 거기에는 그들이 생각하고 있던 것이 고스란히 담겨 있었고 시인은 자신들의 고뇌를 완전하게 표현하고 있었다. 시인의 목소리가 자신들의 목소리가 된 것이다. 뿐만 아니라 시인은 자신이 그랬던 것처럼 그들을 하나님께로 향하게 했다.

그 시는 그들에게 미래에 대한 희망을 제공함으로써 그들로 하여금 그들의 현실을 직시하도록 도왔고 그들의 삶 속에 하나의 씨로 작용했다. 그들은 자신들의 어려운 상황들은 악의 결과들이 아니며, 하나님의 최고의 좋은 선물은 물질적인 것들 그 이상인 그분 자신이라는 것을 보기 시작했다. 그 결과 그들은 평안과 확신을 얻었고 더 이상 자신들을 얕보지 않고 담대히 미래에 직면하게 되었다 (Longman).

그러면 우리가 이 세상에서 하나님의 주권과 섭리를 인정하고 믿고 살아감에도 그러한 믿음과 상반되는 현실이 닥쳐올 때, 그것도 크게 닥쳐올 때 우리는 어떻게 해야 하는가? 우리들 대부분의 사람들에게 대답하기 쉽지 않은 물음이다. 그럼에도 성서의 대답은 분명하다. 계속해서 하나님의 신실하심을 믿고 하나님의 말씀에 의지하여 그 믿음 가운데서 앞으로 나아가야 한다는 것이다. 아삽처럼, 하나님의 성소에서 하나님의 말씀을 가슴에 담고 "항상 주와 함께" 하는 것이다.

고난의 시간에, 어려운 삶의 시간에 하나님의 약속의 말씀을 붙잡는 것이 그것을 극복하는 최고의 방법이다. 욥이 고난의 터널을 잘 헤쳐 나갈 수 있었던 것도 하나님의 말씀을 붙잡는 삶이 있었기 때문이다. 욥에게는 고난으로 인해 "반항하는 마음과 근심이" 있었다(욥 23:1). 그 때 그는 앞뒤 좌우 어디에서도 하나님을 볼 수 없었고 부재를 경험했다(8-9절). 하지만 그는 이렇게 고백하는데 그 고백이 참으로 숭고하다. "그러나 내가 가는 길을 그가 아시나니 그가 나를 단련하신 후에는 내가 순금 같이 되어 나오리라 내 발이 그의 걸음을 바로 따랐으며 내가 그의 길을 지켜 치우치지 아니하였고 내가 그의 입술의 명령을 어기지 아니하고 정한 음식보다 그의 입의 말씀을 귀히 여겼도다"(10-12절).

욥은 하나님의 인도를 따랐다. 하나님의 발걸음을 따라 걸었다. 하나님의 길을 지켰고 곁길로 가지 않았다. 하나님의 명령을 따랐다. 그리고 하나님의 말씀을 존중했다. 그런 그가 말할 수 없는 고난의 시간을 극복하는 것은 당연한 것이 아니겠는가?

가는 시간에 대해 의식적으로 인식하기

학창시절 라디오와 텔레비전 음악프로에서 많이 흘러나오던 노래가 있었다. "언젠가 가겠지 푸르른 이 청춘 지고 또 피는 꽃잎처럼"으로 시작되는 산울림의 〈청춘〉이란 노래다. 그런데 청춘만 가는 것은 아니다. 유아기도 가고 유년기도 간다. 장년기도 가고 노년기도 간다. 인생 전체가 가는 것이다. 그것이 우리 인생이다.

한번 흘러가 버린 인생은 되돌릴 수가 없다. 우리는 시간을 통제할 수 없기 때문이다. 오히려 우리가 시간의 통제를 받는다. 그래서 후회를 줄이고 의미 있는 삶을 증대시키려면 시간을 바르게 사용하는 것이 중요하다. 한번 뿐인 우리 인생의 시간을 소중하고 의미 있게 사용할 필요가 있는 것이다.

그런데도 많은 사람들이 시간에 대한 특별한 의식이 없이 그냥 마구 흘러보내곤 한다. 귀하고 귀한 시간을 사용함에 있어서 우선순위나 원칙 또는 인생의 목표와 같은 것을 생각하지 않고 그냥 세월에 자신을 맡기고 살아가는 것이다. 그것은 결코 지혜로운 삶이 아니다.

모세는 빠르게 가버리는 시간의 속성을 이렇게 읊었다. "우리의 모든 날이 주의 분노 중에 지나가며 우리의 평생이 순식간에 다하였나이다 우리의 연수가 칠십이요 강건하면 팔십이라도 그 연수의 자랑은 수고와 슬픔뿐이요 신속히 가니 우리가 날아가나이다"(시 90:9-10). 이렇게 빠르게 흘러가는 시간에 대해 우리는 무엇을 할 수 있을까? 시간을 아끼고 잘 활용하면서 우리의 삶을 의미 있는 것들로 채우는 것이다. 그것이 현명하고 좋은 시간 사용법이다.

아브라함 조슈아 헤셸(Abraham Joshua Heschel)은 『안식일』(The Sabbath)
이라는 저서에서 안식의 문제를 다루면서 시간과 관련하여 이렇게 쓴
다. "성서는 공간보다 시간에 더 관심하며 세상을 시간의 차원에서 본
다. 그것은 나라들, 사물들(things)보다 세대들, 사건들에 더 많은 관
심을 기울이며 지리보다 역사에 더 관심한다." 물론, 이것은 신앙인의
삶에서 장소의 중요성을 경시해도 좋다는 말이 아니다. 성서는 때때
로 장소(특히, 하나님의 임재의 자리와 같은 특별한 장소)를 중요하게 여긴다. 그
러나 시간을 더 중요하게 다루는 것은 사실이다.

하나님은 매일 우리에게 새 날, 새로운 시간을 주신다. 그리고 우
리는 매일의 시간을 "하나님의 선물"로 받는다. 우리의 매일은 주께서
지으신 날이다. 때문에 우리는 도로시 배스(Dorothy C. Bass)가 말하는
것처럼 "시간을 하나님의 선물로 인정할" 필요가 있고, 또한 "우리는
더 큰 효율성으로 뿐만 아니라 하나님의 형상대로 지음 받은 인간들
로서 더 큰 확실성(authenticity)으로 우리의 날들을 통해 우리를 사로잡
는 생활 패턴들을 개발할 필요가 있다."

이것이 의미하는 바, 우리는 우리들 삶의 "일상성"을 진지하게 받아
들일 필요가 있다는 것이다. 우리들 삶은 대부분 일상적인 일들로 채
워진다. 일상적인 일들이 우리들 삶의 의미와 풍성함을 결정하는 요
소들이 되는 것이다. 그렇게 매일의 일상적인 활동 속에서 우리는 그
매일의 날을 하나의 선물로 받고 책임으로 받아 그것을 주신 분의 뜻
과 의도에 맞게 활용한다. 이런 점에서, "매일을 받는 실천은 그리스

도인들로 하여금 매일 하나님의 은혜로운 임재와 활동에 주의를 기울일 수 있게 하는 일단의 활동이다"(Bass).

이처럼, 우리는 믿음의 눈으로 시간을 볼 때에만 하루하루를 질적으로 다른 삶으로 채울 수 있다. 비록 인생이 허무하게 느껴질지라도, 전도자가 말하는 것처럼, "해 아래에서 수고하는 모든 수고가 사람에게" 무익하게 보일지라도(1:3), 매일 허무한 일들로 허무한 삶을 채움으로써 우리들 삶을 더욱 허무하게 만들기보다는 매일 매일을 하나님의 선물로 받으면서 의미 있는 일로 채워감으로써 우리들 삶을 의미 있는 삶으로 바꿔 가는 것이 현명하다. 지혜로운 사람은 그렇게 한다.

하나님의 사람들에게 시간은 청지기직의 개념이다. 그것은 하나님으로부터 위임받는 것이다. 그래서 매일의 삶의 시간은 책임의 영역이다. 그것이 모세가 "우리에게 우리 날 계수함을 가르치사 지혜로운 마음을 얻게 하소서"(시 90:12)라고 간구한 이유이다. 한 번 가버리면 돌이킬 수 없는 시간이기에, 그리고 때가 악하기에 "세월을 아끼라"(엡 5:16; 골 4:5)는 성서의 메시지에 귀를 기울이면서 이 세상에 "살아 있는 동안," 곧 "하나님이 해 아래서" 우리에게 "주신 모든 날"(전 9:9)을 소중하게 사용하면서 충실히 믿음의 길을 걸어가야 하겠다. 그것이 지혜로운 삶이다.

8.
인간은 영원한 삶을 갈망한다

서유석 씨가 부른 〈가는 세월〉이라는 노래는 시간의 속성을 잘 말해 준다. 세월은 간다. 역사는 흐른다. 그러나 가는 세월, 흐르는 역사는 누구도 막을 수가 없다.

그러면 가는 세월은 어디로 흘러가는 것일까? 그 흘러감의 목적지, 곧 흘러가는 세월이 최종적으로 도달하는 곳은 어디일까? 그냥 끊임없이 흐르고 또 흘러가는 것일까? 아니면 언젠가 어디선가 멈추게 되는 것일까? 더욱이, 하염없이 흘러가는 시간 속에 어느 순간 와서는 잠시 머물다 사라져가는 인간은 홀연히 왔다가 그냥 덧없이 사라져 버리는 안개와 같은 것일까? 아니면 죽어서도 어떤 형태로든 계속해서 존재하게 되는 것일까?

역사적으로 인간은 끊임없이 이런 물음을 제기해 왔고 나름의 답을 제시해 왔다. 그 대답은 크게 두 가지로 나뉜다. 인생은 죽으면 끝이라는 것과 인생은 죽어서도 지속된다는 것이다. 이것은 단지 종교적인 문제가 아니다. 사두개인들은 유대교인들이었지만 내세를 믿지 않았다. 반면에 플라톤과 같은 철학자는 영혼의 불멸과 죽음 후의 심판을 믿었다.

그리고 종교나 철학과 상관이 없음에도 내세 또는 영혼의 불멸을 믿는 사람들이 적지 않다. 엘머 타운즈(Elmer L. Towns)가 말하는 것처럼, "모든 사람은 죽음 너머의 삶에 대한 깊은 열망과 죽음 후에 완전한 곳에서 살고 싶은 열정을 가지고 있다. 심지어는 지옥이 존재한다는 것을 부정하는 몇몇 사람들조차도 죽음 이후의 천국이라고 불리는 곳이 실제로 있다고 믿는다."

그러면 왜 그럴까? 그것은 아마도 인간의 내면에는 무언가 영원을 갈망하는 본능이 있어서 일 것이다(이런 점에서, 인간의 영원한 삶에 대한 갈망은 유신론적이다. 모든 존재의 원인이 없이 우연히 생긴 존재가 영원성을 가진다는 것은 비논리적이며 우스운 것이기 때문이다).

본능으로서의 영원한 삶에 대한 갈망: 영생에 대한 욕구는 인간 욕구의 바탕 개념

인본주의 심리학자 아브라함 매슬로우(Abraham H. Maslow)는 인간이 지닌 기본적인 욕구 또는 필요(need)를 다섯 가지(그것은 욕구 5단계설이라고 불린다)로 나눈 바 있다. 그에 따르면, 인간의 욕구는 기본 욕구들인 생리적 욕구와 안전 욕구에서 상위 욕구들인 소속감과 애정 욕구, 존중의 욕구 그리고 자아실현의 욕구로 이루어져 있다. 인간은 하위 욕구인 기본 욕구가 충족되면 상위 욕구를 충족시키려는 마음이 생기는데, 그래서 상위 욕구들은 하위 욕구들에 대해 동기부여 요인으로 작용하게 된다.

매슬로우의 욕구이론은 비록 인본주의적 관점이지만 설득력이 있다. 왜냐하면 인간은 분명 욕구(그것은 하나님이 부여하신 것이다)를 지니고 있고 또 욕구들이 충족될 때 만족을 누리게 되며 그것들은 대개 단계적 또는 위계적이기 때문이다. 우리말 속담인 "금강산도 식후경"이란 말은 욕구의 그런 특징을 잘 나타내 주는 말이라고 할 수 있다. 기본적인 욕구가 충족이 되어야 그 외의 욕구충족을 바라게 된다는 것이다. 그러나 인간의 욕구는 한이 없다는 의미에서 온전히 충족될 수 없다. 인간의 욕구충족은 대부분 일시적이고 부분적이다.

매슬로우의 이론은 상당히 타당하다고 여겨지지만 동시에 성서적 관점에서 두 가지 차원(욕구)을 결여하고 있다고도 생각된다.

하나는 불멸 욕구, 곧 영원한 삶에 대한 욕구이다. 영원한 삶을 추구하는 인간의 욕구는 가장 근본적인 것이다. 그것은 인간 욕구의 원초적인 개념, 곧 다른 어떤 것보다도 우선하는 바탕 욕구이다. 그것은 영적 존재로서의 인간의 영적 욕구이기도 하다.

다른 하나는, 인간의 최상위 욕구는 자아실현(self-actualization)이 아니라 하나님 나라 실현(kingdom realization)이라는 것이다. 물론, 매슬로우는 인본주의 심리학자이기 때문에 이것을 인정하지 않겠지만, 그럼에도 이것은 참되다. 그런 이유로, 제임스 파울러(James Fowler)는 설문조사를 통해 "신앙발달"(faith development) 이론을 전개해 가면서 자신의 이론의 마지막 단계를 "보편화하는 신앙"(universalizing faith)으로 명명한다.

그에 따르면, 모든 인간은 "신앙"(faith)을 통해서 중재되는 의미를 탐구하는 일에 관계한다. 비록 그가 말하는 신앙이란 말이 기독교 신앙 또는 종교적 신앙과는 다를지라도, 그의 연구조사가 나타내는 바는 인간은 자아(self)를 넘어서는 무언가를 추구하는 존재라는 것이다. 즉 6단계의 인간은 근본적으로 자아 집중적인 상태에서 벗어나 신적 차원(하나님과 그분의 나라)에 참여하는 삶을 추구한다.

예수님은 그것을 "하나님 나라 실현"으로 보았다. "너희는 먼저 그의 나라와 그의 의를 구하라 그리하면 이 모든 것을 너희에게 더하시리라"(마 6:33). 하나님의 나라(the kingdom of God)는 모든 인간(특히, 그리스도인)이 근본적으로 그리고 궁극적으로 추구해야 할 인간 삶(인간 욕구)의 핵심이다. 그래서 "하나님 나라 실현"은 "자아실현"보다 본질적이며 궁극적인 것이다.

인간은 영원한 삶에 관한 문제에 대한 답을 얻기 전까지 본질적으로 온전한 만족을 누릴 수 없다. 그것이 성 어거스틴(St. Augustine)이 "주님은 자신을 위해 우리들을 지으셨습니다. 그래서 우리들의 심장은 주님 안에서 쉼을 얻을 때까지 평안이 없습니다"라고 고백한 이유이다. 다른 욕구들이 인간의 존재와 삶을 위해 중요한 것들임에 틀림없지만 그것들만으로 충분하지 않다. 인간이 그러한 것들을 다 충족받고도, 그리고 많은 것을 누리며 살면서도 삶에 대해 온전히 만족할 수 없고 무의미와 허무함을 느끼는 것은 바로 그런 이유에서다.

인간은 영원한 삶에 대한 문제를 해결 받을 때만 진정으로 만족을 누릴 수 있게 된다. 이것은 "자아실현"이 인간의 궁극적인 목표가 될 수 없음을 말해 준다. 자아실현은 준궁극적인 목표는 될 수 있을지언정 궁극적인 목표는 될 수 없다.

영원을 사모하는 마음, 영원하신 하나님이 주신 마음

전도자는 인간에게는 영원을 추구하는 마음이 있음을 말한다. 영원한 삶에 대한 추구는 인간에게 본질적인 것이라는 것이다. "하나님이 모든 것을 지으시되 때를 따라 아름답게 하셨고 또 사람들에게는 영원을 사모하는 마음을 주셨느니라"(3:11).

실제로, 사람에게는 "영원을 사모하는 마음"이 있다. 그 마음은 전도자 자신 안에 있던 것이다. 그는 자신 안에 그것이 있음을 알고 있었다. 그리고 그것이 다른 사람들 안에도 있음을 보았다. 그런 현실을 인식하면서 "하나님이…사람들에게는 영원을 사모하는 마음을 주셨느니라"고 말했다.

그러면 그 근거는 무엇인가? 어째서 인간은 그런 마음을 갖게 되었는가? 하나님이 그런 마음을 주셨기 때문이고 인간의 내면 중심에 그 마음을 심어 놓으셨기 때문이다. 인간의 영원을 사모하는 마음은 "영원하신 하나님"(신 33:27; 사 40:28; 롬 16:26)으로부터 온 것이다. 하나님은 "전능하신" 분으로서 "전에도 계셨고 이제도 계시고 장차 오실 이"(계 4:8)이시며 "세세토록 살아 계시는 이"(계 4:9)이시다. 그리고 인간의 영원성은 하나님의 그 영원성에 근거한다. 하나님이 영원하지 않으시다면 인간의 영원성은 거짓이고 헛되다.

그러나 인간이 영원을 사모할 수 있는 것은 실제로 "영원"이란 것이 있기 때문이다(우리 안에 영원을 사모하는 마음이 있다는 것은 우리에게 영원이란 것이 있다는 증거이다). 더욱이 "하나님께서 행하시는 모든 것은 영원히 있을 것"이다(전 3:14). 그러므로 우리는 우리 안에 있는 "영원을 사모하는 마음"을 가지고 더욱 영원을 사모할 필요가 있다.

그러한 맥락에서, 조셉 스토웰(Joseph M. Stowell)은 이렇게 말한다. "영원은 근본적인 것이다. 하늘은 우리의 첫 번째이자 궁극적인 준거점이 되어야 한다. 우리는 그것을 위해 지음 받았고 그것을 위해 구속을 받았으며 그것을 향해 가는 도상에 있다. 성공은 우리가 그 때에 비추어 지금을 보고 지금에 응답하는 것을 요구한다."

영원한 삶의 두 모습

인간의 시간, 인간의 역사는 지향점을 가지고 있다. 그것은 영원히 반복되는 것(윤회)이 아니라 하나님 나라의 완성을 향해 가고 있다(직선적임). 완성될 하나님 나라가 인간 역사의 지향점이다. 그것이 성서적·기독교적 역사이해이다. 이와 관련하여, 데이비드 베빙톤(David Bebbington)은 이렇게 말한다.

기독교적 역사이해는 순환 이론(Cyclical version) 형태들과는 상당히 다르다…순환적 견해는 어떤 유형의 유신론과 필수적인 관계를 가지고 있지 않을지라도, 기독교적 역사 이해는 세상에 개입하시는 하나님을 믿는 믿음(belief)으로부터 파생된다. 다시 말하면, 역사 과정은 직선적(linear)이라는 기독교적 가정은 순환적 형태들을 제외시킨다. 게다가, 순환적 이론들은 그것들의 다양성에도 불구하고 순환의 끝에 무슨 일이 일어나는지 거의 강조하지 않지만, 역사의 목표는 매우 중요하다고 기독교는 강조한다. 따라서 그리스도인들은 일반적으로 역사에 관한 다음과 같은 세 가지 확신들, 즉 하나님은 역사에 개입하신다는 것과 그분은 직선으로 그것을 이끄신다는 것 그리고 그분은 자신이 계획하신 결론으로 그것을 가져갈 것이라는 것을 고집해왔다.

더욱이, 완성될 하나님 나라를 지향하는 인간 역사의 중심에는 예수 그리스도가 있다. 존 W. 몽고메리(John Warwick Montgomery)가 적절하게 말하듯이, "하나님은 예수 그리스도의 인격(person) 안에서 인간의 삶 속으로 들어오셨고 인간들에게 역사와 인간 삶의 본질과 중요성을 계시해주셨으며 인간들로 하여금 영원한 가치들과 접촉하게 해주셨다." 그래서 우리는 예수 그리스도와 그분의 가르침을 통해서 하나님을 알게 되고 삶의 궁극적인 목적을 깨닫게 되며 인간 역사의 미래를 알게 된다.

예수님은 인간의 영원한 삶과 관련하여 "선한 일을 행한 자는 생명의 부활로, 악한 일을 행한 자는 심판의 부활로 나오리라"(요 5:29)고 말씀하셨다. 예수님의 말씀에 따르면, 인간의 영원한 삶은 죽음과 부활(이 두 가지는 모든 인간의 공통적인 모습, 곧 부활은 신자만 하는 것이 아니라 모든 사람이 경험하게 될 것이다. 다만 부활의 결과가 다를 뿐이다)을 통과한 다음에 있어질 것이다.

예수님의 가르침대로라면 인간의 영원한 삶의 형태는 생명과 심판 두 가지이다. 하나님과 함께 하는 영원한 삶(하나님의 영광에 참여하는 삶)과 하나님과 함께 하지 못하는 영원한 삶(하나님의 영광에 참여하지 못하는 삶)이 그것이다. 따라서 영원을 사모하는 마음을 바르게 깨달은 사람은 그것의 기원과 근원을 바르게 인식하고 그것에 따른 삶을 추구해야 한다. 그것이 전도자가 인간의 삶의 헛됨과 허무함을 서술한 후에 "하나님을 경외하고 그의 명령들을" 지키라고 말하는 이유이다. 하나님 나라의 영광된 삶은 그냥 주어지는 것이 아니다. 그것은 값 비싸고 고귀한 것이다.

인간이 그것을 거부하면 결국 허무와 후회만 남게 된다. 스토웰의 다음의 말은 참으로 옳다. "우리들 삶에 대한 대부분의 후회들은 영원(eternity)을, 온 마음을 사로잡고 동기를 부여하는 하나의 실재(reality)로 받아들이지 못하고 또 우리들 삶을 하나님 나라의 가치들과 제휴시키지 못하는 데서 온다." 이것이 의미하는 바, 우리가 느끼는 인생의 허무함은 인생의 의미와 가치를 붙잡아주는 더 큰 실재와 연결시키지 못하기 때문이라는 것이다. 우리 인생의 의미와 가치는 궁극적인 실재와 맞물려 돌아갈 때만 후회를 피할 수 있다. 해 아래의 일시성과 유한성은 해 위의 영원성과 무한성에 의해서 극복되어야만 허무를 벗을 수 있다. 진정으로 그렇다.

인간의 삶은 일회적이지 않고 영원하다. 그래서 하나님은 인간 안에 영원을 사모하는 마음을 주셨다. 그리고 믿음을 통해, 예수 그리스도를 믿는 믿음을 통해 영원한 생명을 주신다. 하나님 자신과 함께 영원히 복된 삶을 살게 하기 위해서다. 그러므로 아브라함처럼 "하나님이 계획하시고 지으실 터가 있는 성을 바"(히 11:10)라면서 가는 세월 속의 오늘 하루도 믿음으로 살아갈 일이다. 그런 삶은 복이 있다.

9.
하나님의 가르침에 근거한 바르고 좋은 삶

　유신론자든 무신론자든, 신자든 비신자든, 한번 뿐인 유한한 인생을 진지하게 생각하고 또 의미 있는 삶을 추구하는 정상적인 사람이라면 누구나 바른 삶 또는 좋은 삶에 대해 관심을 갖기 마련이다. 그것은 인간으로서 지극히 기본적인 것이다. 동물은 바른 삶이나 좋은 삶에 관심이 없을뿐더러 그런 것을 알지도 못한다. 그것은 오직 피조물 중 인간만이 관심을 갖는 영역이다.

　그러면 바른 삶 또는 좋은 삶은 무엇인가? 과연 바른 삶 또는 좋은 삶이란 것이 있는 것일까? 그런 삶이 있다면 그것을 결정하는 기준은 무엇인가? 다시 말해서, 이 우주 가운데 어떤 것이 좋은 삶이고 어떤 것이 나쁜 삶인지를 말할 수 있는 근거는 무엇인가?

우리는 바르고 좋은 삶을 말할 수 있는가?

예전에, 한 신문에 위르겐 슈미더라는 독일의 한 저널리스트에 관한 기사가 실린 적이 있다(조선일보 2013년 4월 5일 인터넷 판). 그는 사 년간 삼십 여개의 종교를 경험해 보았고(그가 말하는 경험이란 각 종교의 종교적 상징물들을 구입해서 그것들을 몸에 걸치고 방을 장식하며 그 종교의 방식으로 생활하는 것이었음), 석 달 동안 일곱 번이나 개종했다고 한다. 그가 그렇게 한 것은 "구원의 확률을 높이기 위한 것"으로서 가능하면 많은 종교를 믿으면서 그것들로부터 장점을 취하기 위해서였다. 그렇게 함으로써 그는 자신의 구원 확률을 높일 수 있다고 믿는다.

그는 본래 가톨릭을 종교로 가지고 있었지만(그의 부모는 신실한 가톨릭 신자이고 동생은 신부라고 함), "사는 동안, 또 죽은 뒤에도 행복하려면 뭘 해야 하지?"라는 자신의 질문에 자신의 종교가 주는 답이 완벽하지 않다고 여겨져서 다른 종교들을 체험하기 시작했다고 한다. 더욱이 그는 "바르게 산다면 종교와 상관없이 구원의 기회가 있다고 생각한다"고 말하고, 또 "중요한 건 어느 신을 믿느냐가 아니라, 삶과 생명을 어떻게 바라보며 또 어떻게 살아가는가의 문제 아닐까"라고 말한다.

모든 종교는 같고 그래서 같은 것-더 나은 삶, 사후의 삶, 사후에 무언가 더 나은 것이 있다는 믿음-을 추구하며 인생에서 가장 중요한 것은 "바른 삶"이라고 그는 주장한다. 그러나 모든 종교는 같지 않을 뿐더러 같은 것을 추구하지도 않는다. 각 종교는 비슷한 점도 있지만 차이점도 있다. 모든 종교가 같다면 이처럼 여러 종교들, 아니 수많은 종교가 달리 존재할 수 있겠는가? 종교들마다 신에 대한 이해가 다르고 교리가 다르며 가르침의 내용도 다르다. 그래서 바른 삶에 대한 이해와 추구도 다르다.

각 종교에서 바른 삶은 그 종교적 가르침에 근거하며, 그 종교적 가르침은 그것의 경전에 근거한다. 그래서 각 종교가 "바른 삶"에 대해 말하는 내용의 근거는 경전이며, 각 경전은 각기 나름대로 그 종교의 추종자들이 추구해야 할 "바른 삶"을 규정한다. 그런 이유로, 두 가지가 분명해진다. 종교는 윤리/도덕을 포함하며 그 둘은 서로 나뉠 수 없다는 것과, 바른 삶의 내용은 종교마다 조금씩 또는 확연히 다르거나 다를 수 있다는 것이다. 한 가지 주의할 점은, 어떤 종교가 주장하는 바른 삶의 내용은 바른 삶이라고 말하기 어려운 것이 있고, 어떤 종교의 윤리는 그 내용이 비윤리적으로 여겨질 수 있을 만큼 윤리와는 거리가 먼 것도 있다(예를 들면, 이슬람교는 타끼야라는 교리를 가지고 있는데, 그것은 알라나 이슬람 포교를 위해 거짓말을 허용하는 것이다. 그러니까 무슬림에게 거짓말은 신앙생활의 한 면이고, 그 자체가 윤리행위가 된다. 이 말은 이슬람교를 폄훼하는 것이 아니라 분명한 사실이다).

종교와 윤리/도덕의 관계에 대해서 아더 홈즈(Arthur F. Holmes)는 이렇게 말한다.

모든 종교들은 일정한 가치들을 공표하고 특정한 덕들을 함양한다. 그리고 대부분의 종교들은 도덕적 행위의 면들을 변형시키려고 노력한다. 종교와 도덕성은 밀접하게 연결되어 있고 기독교도 이것은 예외가 아니다…종교는 윤리와 관련되어 있다.

다른 한편으로, 임마누엘 칸트는 바른 삶, 윤리적 삶을 위해 인간이 추구해야 할 보편적인 원리(조건 없이 절대적인 명령)를 제시한다. 흔히, "정언명령"(categorical imperative)이라 일컬어지는 그 원리는 종교적인 면을 배제하고서 오직 인간이 지니는 속성에 근거해서 원리를 도출해 낸다. 그는 그것만이 진정으로 인간을 위한 선과 악을 구별하는 기준이 되는 도덕법칙이 될 수 있다고 주장한다.

이런 주장이나 견해를 고려할 때, 분명한 사실 한 가지는 우리가 신의 존재를 부정한다면 우리는 어디에서도 옳고 그름에 대한 객관적인 기준을 찾을 수 없고, 따라서 우리가 옳고 그름에 대한 객관적인 기준을 찾을 수 없다면 우리는 결코 좋은 삶 또는 바른 삶을 말할 수 없게 된다는 것이다. 그것에 대한 기준이 각기 다를 것이기 때문이다. 객관적인 토대 또는 준거를 상실하면 모든 것은 상대적이 되고 결국 모든 것은 자신의 입장에서 결정하게 된다(비록 사람들이 어떤 것-예를 들면, 법이나 규율-을 객관적인 것이라고 주장할지라도, 그것은 인간이 만든 "합의된" 기준에 불과하다). 그래서 때로는 나쁜 일도 좋은 일로 여겨질 수 있다. 자신에게 득이 된다면 말이다.

그래서 슈미더가 "바르게 산다면 종교와 상관없이 구원의 기회가 있다"거나, "중요한 건 어느 신을 믿느냐가 아니라, 삶과 생명을 어떻게 바라보며 또 어떻게 살아가는가의 문제"라고 한 말은 그릇되다. 바른 삶이 무엇이고 어떻게 살아가는 것이 바른 삶인지 모르기 때문이다. 거기에는 그것을 평가해 줄 근거가 없다.

하나님, 바른 삶의 근거

전도자는 "사람들이 사는 동안에 기뻐하며 선을 행하는 것보다 더 나은 것이 없는 줄을 내가 알았고"(3:12)라고 고백한다. 여기서 "선을 행하는 것"은 바른 삶, 곧 도덕적·윤리적 삶을 말한다. 그리고 그것은 어떤 것이 선이라고 말할 수 있는 기준이 있음을 전제한다. 선을 말할 수 있는 기준이 없다면 그의 말은 무의미하다. 물론, 그에게 있어서 선의 기준은 하나님이다.

그러면 전도자는 왜 선을 행하는 삶이 최고의 삶이라고 말하는가? 그것은 하나님이 그러한 삶을 요구하시기 때문이고, 그러한 삶이 우리의 인간됨의 최고의 표현이자 하나님의 성품을 가장 잘 반영하기 때문이다. 하나님이 이스라엘 백성을 향해 "나는 여호와 너희의 하나님이라 내가 거룩하니 너희도 몸을 구별하여 거룩하게 하고"(레 11:44)라고 말씀하신 것은 그런 이유에서다.

인간이 거룩하게 되는 것은 하나님의 거룩하심에 근거한다. 인간의 도덕성은 하나님의 도덕성에 근거한다. 페리 다운즈(Perry G. Downs)는 그것을 이렇게 말한다.

성경의 윤리적 요구들은 우리가 피조세계에 하나님의 거룩을 반영해야 한다는 원리로부터 나온다. 하나님이 먼저 우리를 사랑하셨으므로, 우리도 사랑해야 한다. 하나님이 도덕적으로 순수하시므로 우리도 도덕적으로 순수해야 한다. 하나님이 공의에 관심을 가지심으로 우리도 관심을 가져야 한다.

이처럼, 인간의 도덕적 성격은 하나님의 도덕적 성격에 근거한다. 하나님은 "의의 하나님"(시 4:1)이시다. 그래서 하나님은 도덕적이고 윤리적이시다. 그리고 하나님은 의의 하나님이시기 때문에 그분의 나라는 의의 나라이다. 그런 이유로, 사도 바울은 "하나님의 나라는⋯오직 성령 안에 있는 의와 평강과 희락이라"(롬 14:17)고 말했다.

스티븐 찰스 모트(Stephen Charles Mott)는 "우리의 정의는 하나님의 정의에 상당한다⋯하나님의 주된 속성이다"라고 말한다. 이 말은 이렇게도 진술될 수 있다. '우리의 도덕적·윤리적 삶은 하나님의 도덕적·윤리적 삶에 상당한다.' '우리의 바른 삶은 하나님의 바른 삶에 상당한다.' 그래서 우리의 도덕적 삶은 하나님의 도덕적 성격의 표현이며, 우리는 "신학적 토대에서 벗어난 윤리적 요구"(다운즈)를 해서는 안 된다.

룩 티모시 존슨(Luke Timothy Johnson)은 "하나님은 항상 어느 곳에서도 모든 존재의 아름다움의 근본이시다"라고 말한다. 마찬가지로 하나님은 항상 어느 곳에서도 모든 인간의 도덕적 삶의 근본이다. 그래서 홈즈의 다음 말에 전적으로 공감한다. "만일 내가 단지 자유와 사랑이 제공하는 것보다 더 분명한 도덕적 인도를 필요로 하고 원한다면, 나는 하나님이 제공하시는 모든 자원을 사용할 것이다." 왜 그런가? 하나님은 인간의 윤리와 도덕성의 근원이시기 때문이다.

그리스도인은 도덕적으로 그리고 윤리적으로 바른 삶을 추구해야 한다

바른 삶은 좋은 삶이고 좋은 삶은 바른 삶이다. 그리고 바른 삶, 좋은 삶은 신적 삶, 곧 하나님이 제시하시는 것을 따르는 삶이다. 그 래서 시인은 하나님께 자신을 가르쳐달라고 요청했다. "여호와여 주의 도를 내게 보이시고 주의 길을 내게 가르치소서"(25:4). "주는 나의 하나님이시니 나를 가르쳐 주의 뜻을 행하게 하소서"(143:10).

그러면 우리는 어디에서 하나님의 가르침을 받는가? 하나님의 말씀인 성서다. 우리는 성서를 통해 하나님의 진리를 배우게 된다. 그리고 우리는 성서를 통해 "바른 삶"에 대해 배우게 된다. 믿음의 삶과 윤리적·도덕적 삶은 서로 나뉠 수 없다고 성서는 분명하게 가르친다. 타운즈는 이렇게 말한다. "기독교 진리는 성경에서 발견되며, 만일 성경이 없었다면 기독교라고 불리는 삶을 변화시키는 종교도 없었을 것이다." 하나님의 말씀을 따르면 그것이 우리의 발에 등이 되고 우리의 길에 빛이 된다(시 119:105).

우리는 하나님의 말씀에서 믿음과 진리에 대한 교훈과 확신을 얻는다. 바르고 정직한 삶의 추구는 하나님에 대한 믿음과 경외에서 비롯된다. 자신의 삶을 그분의 뜻에 맞추고 자신을 말씀에 종속시키는 것이다. 그래서 신앙과 도덕은 본질적으로 서로 분리되지 않는다. 토저가 말하는 것처럼, "신앙과 도덕은 같은 동전의 양면이다. 행위에서 신앙의 본질은 바로 도덕적이다. 믿는 사람은 순종할 것이다."

어떤 면에서 보면, 이런 말들은 오늘날 우리가 살아가는 삶의 상황이나 관계에서는 잘 맞지 않는 것 같다. 현실적으로 우리는 적당히 처세술을 사용하고 편법을 동원하고 또 때론 속임수도 부리고 해야 잘 되기도 하고 또 그렇게 보이기 때문이다. 많은 경우, 그것이 이 세상의 방식이다. 불행하게도, 교인들 중에도 그런 식으로 처세하는 사람들이 있다. 그런 점에서 보면, 전도자의 다음의 말은 이해가 된다.

> 내 허무한 날을 사는 동안 내가 그 모든 일을 살펴보았더니 자기의 의로움에도 불구하고 멸망하는 의인이 있고 자기의 악행에도 불구하고 장수하는 악인이 있으니 지나치게 의인이 되지도 말며 지나치게 지혜자도 되지 말라 어찌하여 스스로 패망하게 하겠느냐 지나치게 악인이 되지도 말며 지나치게 우매한 자도 되지 말라 어찌하여 기한 전에 죽으려고 하느냐 너는 이것도 잡으며 저 것에서도 네 손을 놓지 아니하는 것이 좋으니 하나님을 경외하는 자는 이 모든 일에서 벗어날 것임이니라…선을 행하고 전혀 죄를 범하지 아니하는 의인은 세상에 없기 때문이로다.(7:15-18, 20)

하지만 이 말씀(특히, "지나치게 의인이 되지도 말며"라는 말씀)은 읽는 이(특히, 신앙인)로 하여금 적잖이 당황하게 만든다. 왜냐하면 인생의 헛됨을 말하면서 의미 있는 삶을 살 것을 말하고 또 의와 하나님의 명령을 지키는 것을 강조하는 전도자가 불의하고 부정직한 삶을 권하는 것처럼 들리기 때문이다. 그러나 전도자는 결코 의롭지 못한 삶을 강조하는 것이 아니다. 그저 우리가 살아가는 삶에서 일어나는 모순적인 상황과 현상을 보면서 역설적으로 말하는 일종의 역설적인 표현이라고 말하는 것이 옳을 것이다. 전도자는 전도서 마지막 부분에서 "일의 결국

을 다 들었으니 하나님을 경외하고 그의 명령들을 지킬지어다"(12:13)
라고 명하고 있기 때문이다.

그리스도인의 삶의 모든 부분은 하나님께 영광을 돌리는 것과 관계
가 있다. 그리스도인의 삶은 하나님의 영광을 위한 것이다(고전 10:31).
홈즈가 말하는 것처럼, "기독교적 자유는 내가 원하는 대로 행할 수
있는 면허증이 아니다. 오히려 그것은 하나님의 법(law)이 요구하는 것
안에서 살아가도록 해방되는 것"이다.

이것은 정확히 바울이 강조하는 것이다. 그러한 삶은 바른 삶이고
좋은 삶이다. 평생 동안 충실하게 '한 길 가는 순례자'가 되기란 쉽지
않지만, 그래도 하나님의 말씀이 제시하고 요구하는 바른 길을 따라
바른 삶을 추구하는 것은 귀하고 복되다. 앞에서 이미 언급한 바 있
는 다음의 욥의 고백은 순례자들로서 해 위의 삶을 추구하며 사는 우
리가 믿음의 길을 가는 동안 계속해서 되새겨 볼 필요가 있는 귀한 말
씀이다.

> 내가 가는 길을 그가 아시나니 그가 나를 단련하신 후에는 내가 순금 같이 되
> 어 나오리라 내 발이 그의 걸음을 바로 따랐으며 내가 그의 길을 지켜 치우치
> 지 아니하였고 내가 그의 입술의 명령을 어기지 아니하고 정한 음식보다 그
> 의 입의 말씀을 귀히 여겼도다 그는 뜻이 일정하시니 누가 능히 돌이키랴(욥
> 23:10-13)

욥은 여기에서 믿음의 삶과 관련하여 다섯 가지 중요한 점을 언급
한다.

첫째, 자신의 인생 여정을 하나님이 아신다는 고백이다. 하나님은 분명 우리가 걸어가는 길을 아신다. 그래서 바르게 인도하실 수 있다. 우리는 우리가 가는 길을 잘 알지 못한다. 그러나 하나님은 잘 아신다. 그래서 우리는 그분을 의지할 수 있다.

둘째, 자신의 발이 하나님의 걸음을 바로 따랐다는 것이다. 하나님과 바르게 동행하는 삶을 살았다는 것이다. 믿음의 삶은 하나님을 섬기면서 그분의 인도를 바르게 따라가는 순례여정이다. 우리의 발걸음이 최종적으로 멈추게 될 곳은 영원한 하나님의 나라이다. 그 곳이 우리의 본향이고 우리의 집이다. 우리는 순례자들이기 때문이다. 우리는 지금 그 곳을 향해 걸어가고 있다. 우리에게 필요한 것은 욥처럼 하나님의 걸음을 바로 따라가는 것이다.

셋째, 자신이 하나님의 길을 지켜 치우치지 않았다는 것이다. 우리가 하나님의 인도를 바르게 따라가려면 하나님의 길을 제대로 알아야 한다. 그리고 좌로나 우로나 치우치지 않고 그리고 딴 길로 가지 않고 그 길로 가야 한다. 욥은 하나님의 길을 알고 있었고 그 길을 지켰다.

넷째, 하나님의 명령을 어기지 않았다는 것이다. 하나님의 계명을 지키는 것은 그분의 백성의 의무이다. 계명 준수는 우리가 하나님의 백성임을 나타내는 중요한 증거이다. 욥은 하나님의 계명을 철저히 지켰다는 것이다. 우리는 그의 고백 속에서 하나님을 향한 신실함과 충실함을 본다. 그는 온전히 하나님 중심적이었다.

다섯째, 하나님의 말씀을 소중하게 여겼다는 것이다. 하나님의 사람은 하나님의 말씀을 존중하고 소중하게 여긴다. 우리는 하나님의 말씀을 소중하게 여길 때만 그것을 읽고 묵상할 수 있다. 그리고 지킬 수 있다. 하나님의 말씀을 존중하고 소중하게 여기지 않는데 어떻게 그것을 사랑하고 그것에 마음을 줄 수 있겠는가? 그리고 지킬 수 있겠는가? 욥은 하나님의 말씀을 소중하게 여겼고 그대로 따랐다.

어느 신학자의 말처럼, 오늘날 교회의 가장 불행한 것은 하나님의 말씀을 사랑하지 않는다는 것이다. 교회 회복의 첫 번째 길, 교회가 생명력을 지니고 유지하는 가장 기본적이면서 최선의 길은 언제나 하나님의 말씀을 귀히 여기고 사랑하는 것이다.

욥의 고백을 한 마디로 말하면, 그는 충실한 하나님의 사람이었다는 것이다. 그의 삶은 분명 하나님을 기쁘시게 하는 삶이었고 하나님을 영화롭게 하는 것이었다. 그래서 바람직한 것이었다. 참된 그리스도인은 그렇게 한다.

10.
하나님 안에서
누리는 삶의 기쁨

성서는 하나님을 감정을 지니신 분으로 묘사한다. "여호와께서 그 [모세]의 앞으로 지나시며 선포하시되 여호와라 여호와라 자비롭고 은혜롭고 노하기를 더디하고 인자와 진실이 많은 하나님이라"(출 34:6). 이 말씀에 따르면, 하나님께도 희로애락이 있다. 기쁨과 노여움, 슬픔과 즐거움이 있다. 그래서 하나님은 기뻐하기도 하시고 슬퍼하기도 하신다. 즐거워하기도 하시고 화를 내기도 하신다. 하나님의 형상대로 지음을 받은 인간이 지닌 감정은 바로 그 하나님의 감정에서 비롯되었다.

하나님이 의도하신 삶: 기쁨의 삶

하나님의 웃음. 이것은 성서에 나오는 하나님의 첫 번째 감정 표현이다. 태초에 하나님은 자신이 창조하심으로 만물이 존재하게 되었을 때 그 지어진 것을 보시고는 기뻐하며 웃으셨다. 웃으시되 활짝 웃으셨다. "하하하, 참 좋-다!"라고. "하나님이 보시기에 좋았더라"(창 1:10). "하나님이 지으신 그 모든 것을 보시니 보시기에 심히 좋았더라"(창 1:31). 마샬 젠킨스(J. Marshall Jenkins)는 그 웃음을 "하나님의 태고적 웃음"(The Ancient Laugh of God)이라고 부른다. 매우 적절한 표현이다. 태초에 하나님은 웃으셨다. 태초에 하나님의 웃음이 있었던 것이다. 그 웃음이 우주 공간에 메아리가 되어 울려 퍼졌다.

뿐만 아니라 하나님은 자신의 피조물인 인간의 삶에도 그 웃음이 있기를 원하셨다. 그래서 최고의 삶의 공간인 에덴동산을 주시면서 '웃음 담긴 삶'을 위한 보호막("여호와 하나님이 그 사람에게 명하여 이르시되 동산 각종 나무의 열매는 네가 임의로 먹되 선악을 알게 하는 나무의 열매는 먹지 말라 네가 먹는 날에는 반드시 죽으리라 하시니라"[창 2:16-17])을 주셨다. 제멋대로 살면서 방종하지 않고 기쁨을 누릴 수 있는 삶이 곧 기쁨이 될 수 있는 길을 주신 것이다. 하나님의 말씀은 우리의 자유를 제한하기 위한 것이 아니다. 우리를 속박하기 위한 것은 더더욱 아니다. 오히려 그것은 우리의 행복을 위한 것이다. 그래서 모세는 이렇게 설교했다. "내가 오늘 네 행복을 위하여 네게 명하는 여호와의 명령과 규례를 지킬 것이 아니냐"(신 10:13).

제대로 된 부모라면 자녀를 낳을 때 그 자녀가 행복한 삶을 살기를 바란다. 자녀가 불행한 삶을 살기를 바라는 부모는 아무도 없다. 마찬가지로, 하나님도 인간을 지으실 때 기쁨이 넘치고 행복이 가득한 삶을 살기를 의도하고 계획하고 원하셨다. 참된 부모인 하나님 자신과 함께 하는 삶을 통해서 그렇게 하기를 원하셨다. 그리고 진실로 인간의 삶의 참된 기쁨과 행복은 오직 하나님 안에서만 찾을 수 있다.

헛되고 수고로운 세상에서 기쁘고 행복한 삶을 추구하라?

전도자는 기본적으로 해 아래서의 삶을 헛되고 허무하고 불합리하고 수고로운 것으로 말한다. 한 마디로 말하면, 이 세상에서의 인간의 삶은 무의미하다는 것이다. 그러면 그런 세상에서 우리는 어떤 삶을 추구하며 살아야 하고 어떤 방식, 어떤 태도 그리고 어떤 마음으로 살아야 하는가?

이 물음과 관련하여, 전도자는 해 아래의 삶이 허무할지라도 하나님의 사람은 즐거움과 기쁨을 추구하며 살아야 한다고 말한다. 모든 것이 헛되고 허무하고 불합리하고 수고로운 세상에서도 삶을 슬프게 살지 말고 즐겁고 기쁘게 살라고 말한다. 물론, 창조자 하나님 안에서다.

전도자는 각각 이렇게 말한다. "사람이 먹고 마시며 수고하는 것보다 그의 마음을 더 기쁘게 하는 것은 없나니 내가 이것도 본즉 하나님의 손에서 나오는 것이로다"(2:24). "사람마다 먹고 마시는 것과 수고함으로 낙을 누리는 그것이 하나님의 선물인 줄도 또한 알았도다"(3:13).

인생의 낙, 곧 삶의 즐거움과 기쁨은 어디에서 얻는가? 전도자에 따르면, 먹고 마시는 것과 그로 인해 힘을 얻어 일하며 사는 것을 통해서다. 바울은 땅의 일-아래의 것-만을 생각하며 그것에 만족해하는 인생들을 향해 "그들의 신은 배요"(빌 3:19)라고 말하지만 그럼에도 열심히 일하며 사는 삶은 그리스도인의 삶의 특징이라고 말한다. 그는 일하기를 싫어하는 사람들을 향해 "조용히 일하여 자기 양식을 먹으라"(살후 3:12)고 말하면서 "누구든지 일하기 싫어하거든 먹지도 말게 하라"(살후 3:10)고 말한다. 따라서 그리스도인이 노동의 수고를 통해 가족을 돌보고 적절히 먹고 마시는 삶을 사는 것은 올바르며 또한 기쁨이고 즐거움임에 틀림없다.

먹는 것은 즐거움이다. 맛있는 것을 먹고는 행복한 마음이 들던 때를 생각해 보면, 먹는 것은 분명 하나의 낙이다. 인생의 많은 문제가 먹고사는 문제에서 생기지만 그래도 먹고사는 것은 기쁨이다. 먹는 즐거움이 없으면 인생의 낙은 그만큼 줄어들 것이다. 이처럼, 인간은 먹는 것을 빼놓고 삶을 말할 수 없다. 왜냐하면 하나님은 인간을 먹고사는 존재로 만드셨기 때문이다("여호와 하나님이 그 땅에서 보기에 아름답고 먹기에 좋은 나무가 나게 하시니"[창 2:9]; "여호와 하나님이 그 사람에게 명하여 이르시되 동산 각종 나무의 열매는 네가 임의로 먹되"[창 2:16]).

그러나 사람이 먹기만 하면 문제가 생긴다. 더욱이 먹는 것 자체가 목적이 될 때 그것은 바울이 말한 것처럼 배가 신이 되고 만다. 그러나 먹기 위해 사는 것이 아니라 살기 위해 먹고 힘을 내어 일을 하는 것은 좋은 일이다. 인간은 또한 일하며 수고하는 삶을 살아야 한다.

이런 점에서, 인간의 삶의 즐거움은 일과 놀이를 통해서 주어진다고 말할 수 있다. 일과 놀이 또는 쉼은 하나님이 의도하신 인간 삶의 본질적인 면이다. 비록 창세기 3장에서 하나님이 저주의 결과로서 노동을 말씀하시지만 말이다("네가 네 아내의 말을 듣고 내가 네게 먹지 말라한 나무의 열매를 먹었은즉 땅은 너로 말미암아 저주를 받고 너는 네 평생에 수고하여야 그 소산을 먹으리라"[창 3:17]).

일은 인간이 타락하여 땅이 저주를 받기 이전에 하나님이 자신의 창조세계와 관련하여 인간에게 주신 과업이다. "일은 인간의 발명품이 아니다. 그것은 신적 부르심이고 우리의 창조자를 모방하고 닮는 방식이다"(Paul Stevens). 그래서 일은 선하다. 그 자체로서 선하고 부대적으로도 선하다. 그것이 산출하는 것과 도달하는 것에도 선하다(Stevens). 그런 면에서, 마이클 호튼(Michael Horton)의 말은 참으로 옳다.

일에 대한 성경적 개념은 우리가 기독교 진영에서 흔히 발견하는 이해와 사뭇 다르다⋯일은 하나님이 '창조' 질서 안에서 정하신 제도며, 타락의 저주가 아니라 존엄성의 표지로 사람에게 주신 것이다. 이제 신자는 초월적인 차원을 회복하는 직무와, 그리스도와 더불어 거룩한 곳에 앉힌 바 된 천국에서의 삶과 그리스도와 더불어 회복된 낙원에서 다스리게 될 장래의 삶을 이 세상에서 영위하는 일상생활과 연관시키는 직무를 부여받는다.

그는 또한 이렇게 말한다. "기독교인이 월요일 아침에 일하러 가는 목적은 사람들을 그리스도께로 회심시키기 위함이 아니라, 하나님이 창조를 통해 정해 놓으신 자신의 소명에 종사하기 위함이다." 일은 인간의 삶과 분리될 수 없다. 더욱이 그리스도인의 삶과 분리될 수 없다.

많은 경우에 세상 사람들은 돈을 위해 일을 하지만 그리스도인들에게 일은 그 이상을 의미한다. 그것은 창조과업이다. 게다가, 일은 힘들지만 사람이 일하면서 수고로 인해 얻어지는 산물로 일상을 살아가는 것은 하나님이 의도하신 삶이자 선물이다. 그런 이유로, 그리스도인들은 세상 사람들과 다른 태도와 방식으로 일을 할 필요가 있다.

폴 스티븐스(Paul Stevens)는 우리가 실제 세계에서 일하는 방식과 관련하여 세 가지를 제시한다. 첫째로, "우리는 믿음 안에서, 곧 하나님과의 사귐 안에서 일한다"는 것이다. 둘째로, "우리는 우리가 할 수 있는 모든 방식으로 공동체를 세우면서 함께 일하는 사람들과의 사랑, 사귐 그리고 상호의존 안에서 일한다"는 것이다. 셋째로, "우리는 하나님의 생명을 주는 지상의 영역을 망쳐 놓는 주권들(powers)에 관여하면서 그리고 우리의 일 가운데 어떤 것들은 지속되어 새 하늘과 새 땅에 이바지한다고 확신하면서 희망 안에서 일한다"는 것이다. 이처럼, 하나님의 피조물인 우리는 창조주 하나님이 지으신 세상에서, 그분과의 관계 안에서 그리고 그분을 믿는 믿음 안에서 청지기직과 소명으로서의 우리의 일을 해 간다. 그것이 바로 세상 사람들과 그리스도인들 사이의 일에 대한 이해의 차이이다. 그리스도인들은 본질적으로 그리고 일차적으로 단순히 돈을 벌기 위해서가 아니라 창조세계를 다스리시는 하나님의 사역에 참여하기 위해서 일한다.

다른 한편으로, 일의 이면에는 놀이 또는 쉼이 있다. 일과 놀이 또는 쉼은 인간의 삶을 위한 하나님의 계획과 의도에서 본질적 양면성이다. 하나님의 창조사역 안에서 둘은 불가분리의 관계에 있다. 그럼에도 놀이는 일반적으로 경건생활의 관점에서 부정적인 것으로 인식되어왔다. 그러나 실제로 놀이는 인간의 삶의 또 하나의 중요한 차원인 것이다. 기독교적 관점에서 인간의 놀이는 기독교적 인간관, 곧 인간은 하나님의 피조물이라는 이해에 근거한다.

홈즈는 놀이의 신학적 의미를 구성하는 세 가지 요소를 제시한다. 첫째는 놀이에서의 하나님의 형상이고, 둘째는 안식이며, 셋째는 하나님의 나라이다. 놀이는 하나님의 피조물로서의 인간의 삶에 필수적이라는 것이다. 그는 놀이를 "마음의 태도"와 "다양한 여러 활동"으로 보면서 생의 모든 영역에 적용가능하고 "우리가 하는 모든 것에서 기쁨의 표현을 찾아볼 수 있는 태도"로 이해한다. 우리가 놀이를 이렇게 이해하면, 우리의 삶에서 건전하고 좋은 놀이를 개발하고 또 즐기는 것은 중요하다. 놀이를 통해 기쁨과 생의 활력을 얻는 것은 하나님이 우리에게 주신 삶의 방식이기 때문이다.

전도자는 또한 인간 삶의 기쁨의 중요한 면으로 배우자와 함께 즐겁게 사는 것을 든다. "네 헛된 평생의 모든 날 곧 하나님이 해 아래에서 네게 주신 모든 헛된 날에 네가 사랑하는 아내와 함께 즐겁게 살지어다 그것이 네가 평생에 해 아래에서 수고하고 얻은 네 몫이니라"(9:9). 배우자와의 행복한 삶은 인간이 누릴 수 있는 삶의 기쁨의 중요한 한 면이다. 좋은 아내, 좋은 남편과 함께 인생길을 걸어가는 것은 분명 기쁨이고 행복이다.

하지만 해 아래서 누리는 모든 기쁨과 즐거움은 일시적이라는 것을 우리는 늘 기억할 필요가 있다. 그런 즐거움은 시간이 흐르면 아침 이슬처럼 쉬이 증발해버린다. 해 위의 즐거움이 없는 해 아래의 즐거움은 불충분하고 공허하다. 그래서 전도자는 이렇게 말한다. "내가 내 마음에 이르기를 자, 내가 시험 삼아 너를 즐겁게 하리니 너는 낙을 누리라 하였으나 보라 이것도 헛되도다 내가 웃음에 관하여 말하여 이르기를 그것은 미친 것이라 하였고 희락에 대하여 이르기를 이것이 무슨 소용이 있는가 하였노라"(2:1-2).

기쁨과 행복은 하나님과 함께 할 때만 참으로 영속적인 것이 될 수 있다. 김정준은 시편 1편을 묵상하면서 이렇게 말한다.

> 행복이란 물질적인 것이 아니다. 부유와 권력에서 행복을 찾는 사람도 있으나 그 부와 그 권력이 떠나가면 행복의 파랑새도 날아가고 만다. 그러나 하나님의 말씀을 다른 시인이 노래하듯이(시편 19:10) 금과 같이 귀중하게 여기고 꿀과 같이 달다고 생각하는 사람은 하나님과 함께 사는 사람이기 때문에 그에게는 부족한 것이 없다. 불만이 있을 수 없다. 항상 기쁨이 넘치고 감사가 솟아난다.

이것이 바로 우리의 삶이 상록수처럼 늘 푸르고 기쁘려면 우리는 기쁨의 또 다른 면, 곧 기쁨의 근원을 찾아야 하는 이유이다. 찬송가 442장 〈저 장미꽃 위에 이슬〉의 후렴부분은 이렇게 찬송한다. "주님 나와 동행을 하면서 나를 친구 삼으셨네 우리 서로 받은 그 기쁨은 알 사람이 없도다." 하나님을 섬기는 사람들이 받아 공유하는 기쁨은 하나님으로부터 오는 것이다. 그 기쁨은 이 세상에서 가장 큰 것이다.

참된 기쁨의 삶

앞서 말한 것처럼, 인간 존재와 삶에 기쁨은 본질적인 것이다. 그것은 하나님이 의도하신 것이기 때문이다. 하나님이 의도하신 인간의 삶은 기쁘고 풍성한 삶이다. 그것이 바로 요한계시록 21장에서 하나님이 자신의 백성과 함께 하시면서 "모든 눈물을 그 눈에서 닦아" 주실 때 "다시는 사망이 없고 애통하는 것이나 곡하는 것이나 아픈 것이 다시 있지 아니"할 것(3-4절)이라고 증언하는 이유이다.

사도 바울은 "항상 기뻐하라"(살전 5:16)고 말한다. 어떻게 우리는 항상 기뻐할 수 있을까? 고통과 어려움이 많은 세상에서 그것이 가능한가? 학창시절 처음 신앙생활을 할 때, 그리고 삶의 어려운 순간에 그 말씀을 이해하기 힘들었다. 아니, 받아들이기 어려웠다. 삶이 불완전하고 힘들고 고통스러운데 그리고 주변에 그런 일들이 일상적으로 일어나는데 어떻게 기뻐할 수 있는가? 게다가, 어떻게 항상 기뻐할 수 있는가? 내게 믿음이 없어서라기보다는 그런 현실을 보고 있노라면 내 속에서 그런 물음이 저절로 흘러나왔다.

개인적으로 삶의 어려운 순간에 직면할 때는 "항상 기뻐하라"는 말씀보다는 복음성가 〈날마다 숨 쉬는 순간마다〉가 더 가슴에 와 닿았다. "날마다 숨 쉬는 순간마다 내 앞에 어려운 일 보네 / 주님 앞에 이 몸을 맡길 때 슬픔 없네 두려움 없네 / 주님의 그 자비로운 손길 항상 좋은 것 주시도다 / 사랑스레 아픔과 기쁨을 수고와 평화와 안식을."

그럼에도 그리스도인은 항상 기뻐하는 삶을 바라고 추구해야 한다. 그것이 바른 태도이다. 그러나 "항상 기뻐하라"는 사도 바울의 권면에는 하나의 전제가 있다. "주 안에서"라는 전제이다. 그래서 바울은 빌립보서 4장 4절에서 같은 말을 하면서 "주 안에서 항상 기뻐하라 내가 다시 말하노니 기뻐하라"고 말한다. 우리는 항상 기뻐하되 주 안에서 항상 기뻐하라는 것이다. 주 안에서 기뻐하는 삶은 항상성이 특성이다. 우리가 주 안에 있다면 이유와 조건에 상관없이 우리는 항상 기뻐할 수 있다는 것이다.

어째서 그런가? 그것은 우리가 예수님의 말씀에 귀를 기울일 때 더욱 분명해 진다. 예수님은 제자들을 향해 "내가 아버지의 계명을 지켜 그의 사랑 안에 거하는 것 같이 너희도 내 계명을 지키면 내 사랑 안에 거하리라 내가 이것을 너희에게 이름은 내 기쁨이 너희 안에 있어 너희 기쁨을 충만하게 하려 함이라"(요 15:10-11)고 말씀하셨다.

예수님의 말씀에 따르면, 우리의 기쁨은 우리에게서 생기는 것이 아니다. 오히려 그것은 예수님으로부터 비롯된다. 예수님이 우리 안에 계시고 또 우리가 그분의 계명을 지킴으로써 그분 안에 거할 때 예수님의 기쁨이 우리 안에 있게 된다는 것이다. 예수님의 기쁨이 우리 안으로 흘러 들어오게 되는 것이다. 그래서 예수님이 우리 안에 계시면 우리 안에 그분의 기쁨이 있다. 그분의 기쁨이 있으면 우리 안에서 솟아나 흘러 넘쳐 우리 기쁨이 충만하게 될 수 있다.

이런 점에서, 그리스도인의 기쁨은 본질적으로 '파생된 기쁨'이자 '제공된 기쁨'이다. 그런 이유로, 그리스도인이 아닌 사람들은 그러한 기쁨을 누릴 수 없다. 항상 기뻐할 수 없다. 반면에 그리스도인들은 어떠한 상황에 있든지 항상 기뻐할 수 있다. 예수님의 기쁨으로, 예수님이 우리에게 주시는 기쁨으로 기뻐할 수 있다. 고통과 어려움 속에서도 기뻐할 수 있다. 아파하면서도 기뻐할 수 있다. 눈물을 흘리면서도 기뻐할 수 있다.

하나님이 우리 마음에 그런 기쁨을 주신다. 시인은 하나님이 주시는 기쁨에 대해 이렇게 노래했다. "주께서 내 마음에 두신 기쁨은 그들의 곡식과 새 포도주가 풍성할 때보다 더하니이다"(4:7). 하나님은 그런 기쁨을 예수 그리스도를 통해 우리 마음에 두신다. 살아가다 보면 사실 기쁘지 않을 때가 많다. 말로 형용할 수 없을 만큼 힘들고 슬플 때도 적지 않다. 아픔과 고통이 클 때도 많다. 그러나 그럴 때에도 우리 마음에는 하나님이 두신 기쁨이 있다. 예수님으로부터 비롯되는 기쁨이 있다. 힘듦과 슬픔과 아픔을 덮을 수 있는 하나님의 큰 기쁨이 있다. 그것은 그 누구도, 그 무엇도 빼앗아갈 수 없다. 그리고 장차 예수 그리스도의 재림과 더불어 하나님의 구원계획이 온전히 이루어질 때가 되면 이 땅에서의 우리의 기쁨이 천국의 영원한 기쁨으로 이어질 것이다.

느헤미야는 이스라엘 백성을 향하여 "여호와로 인하여 기뻐하는 것이 너희의 힘이니라"(느 8:10)고 말했다. 찰스 스펄전(Charles Spurgeon)은 이 구절을 언급하면서 이렇게 말한다. "만일 그 기쁨이 멈추면, 당신은 약해지고 길을 잘못 들기가 무척 쉬워진다." 하나님으로 인해 기뻐하는 것이 우리들 삶의 힘이다. 우리들 매일의 에너지이다. 세상 사람들은 자신의 힘인 재력, 능력, 실력, 권력 등에 의지해서 살아가지만, 우리는 우리의 힘이신 하나님(시 18:1)으로 인하여 기뻐하는 그 힘으로 살아간다. 물론, 슬플 때 슬퍼하는 것은 인간의 정상적인 반응이다. 그러나 그런 중에서도 우리는 기쁨을 바랄 수 있다. 우리는 하나님으로 인하여, 예수 그리스도로 인하여 기뻐하는 사람들이기 때문이다.

우리의 기쁨은 다른 사람들에게 전해진다. 덜카가 말하는 것처럼, "기쁨은 전염된다." 우리가 기쁘면 우리의 가정도 기쁘게 된다. 우리의 가정과 우리의 교회를 기쁨의 공간으로 만들고 싶으면, 하나님이 우리 안에 두신 기쁨을 누리면 된다. 그러려면 우리는 늘 하나님 안에, 예수 그리스도 안에 있어야 한다. 하나님께 순종하는 삶을 살아야 한다. 그러면 하나님이 주시는 기쁨 안에서 우리의 삶이 기쁨이 될 수 있다.

물론, 외적 요인들이 끊임없이 우리에게서 이 기쁨을 빼앗아 가려고 한다. 우리는 타락한 세상에서 살아갈 때 환경과 타락한 인간들의 영향을 받지 않을 수 없다. 우리의 마음과 삶이 외적 요인들에 의해 영향을 받는다. 그것을 부정할 수 없다. 그러나 그 어떤 것도 우리에게서 하나님이 주시는 기쁨을 빼앗아 갈 수는 없다. 기쁨의 근원이신 예수 그리스도가 성령을 통해 우리 안에 함께 하시면서 우리를 지키고 위로하시기 때문이다.

그러므로 해 아래서 어느 상황에 있든지, 해 위에 계신 하나님이 예수 그리스도를 통해 주시는 큰 기쁨, 세상이 줄 수 없고 알 수도 없는 천국의 기쁨으로 살아가자.

11.
돌아가는 인생

흔히 근대 철학의 아버지로 불리고 또 "나는 생각한다. 그러므로 존재한다"(I think, and I am)라는 말을 남겨 우리에게 잘 알려진 데카르트는 자신의 철학의 출발점을 "확실성"을 위한 "의심"(doubt)에 두었다(의심은 근대 지식의 출발점이라고 여겨진다). 그는 "자신이 의심하고 있다"는 사실을 빼놓고 나머지 모든 것을 의심하라고 강조했다(사람이 자신이 생각하고 있다는 것과 지금 생각하고 있는 자신이 존재한다는 것은 의심할 수 없는 분명한 것이다). 그의 방법론은 확실한 것을 찾기 위한 방편으로서 설득력이 있다.

그의 말대로 우리가 살아가는 세상의 많은 것들이 불확실하고 불명확하기 때문에 의심할 만하지만, 그럼에도 의심할 수 없는 것 한 가지가 있는데, 그것은 바로 인간은 모두 죽는다는 사실이다. 모든 인간은 예외 없이 죽는다. 이것은 의심할 여지없이 분명하고 확실한 것이고 모든 인간이 역사적으로 보고 경험해 온 것이다. 그래서 보아의 다음의 말은 저절로 마음이 간다. "사람은 열이면 열 모두가 죽는다는 사실과 우리 인생의 수십 년이 몇 세대 동안 피고 지는 들꽃보다 결코 길지 않음을 깨닫기 위해 신적인 계시가 필요하지는 않다."

역사적으로 볼 때, 인간은 죽는다는 이 사실에서 벗어난 사람은 아무도 없었다. 태어난 사람이 지금껏 살아 있는 사람은 아무도 없기 때문이다. 인간은 시간의 흐름 안에서 죽음을 향해 살아간다. 다음은 집 근처에 위치한 한 대학의 기독서클(Deeper Christian Life Ministry)에서 발행한 전도지에 담긴 내용의 일부이다.

> 매일 시계가 똑딱 소리를 내면서 흘러가기에, 매일 또는 한 해가 지난 후에 우리가 시간을 최대한으로 활용하고 있는지 우리 자신에게 묻는 것은 적절하다. 시간은 되돌릴 수가 없다! 다 성장한 어른이 유치원의 어린이로 돌아가는 것은 불가능하다. 시간은 흘러서 역사가 되었기에 다시 체험할 수가 없다. …
>
> 이 세상에서의 우리의 시간은 짧고 매우 빠르게 그러나 모르는 사이에 흘러간다. 인생은 잠깐 보이다가 없어지는 안개와 같다고 성경은 알려준다(약 4:14). 그러므로 우리는 시간을 잘 활용하는 지혜가 필요하다. 왜냐하면 우리는 매일 지나가버리는 날과 더불어 이 세상에서 우리의 떠날 날에 더 가까워지기 때문이다.

이 전도지를 읽는데, '시간은 흘러서 역사가 된다'는 말이 유독 눈에 들어왔다. 역사는 시간의 흐름의 결과이다. 시간은 흘러 역사가 되고 역사의 진행은 인간에게 죽음을 가져온다. 그것이 흘러서 역사가 되는 시간 안에서 유한적으로 향유하는 인간 삶의 양태이다.

죽음, 인간의 운명

전도자는 인간에게 의심할 바 없이 분명한 것으로서의 죽음과 관련
하여 이렇게 말한다. "인생이 당하는 일을 짐승도 당하나니 그들이 당
하는 일이 일반이라 다 동일한 호흡이 있어서 짐승이 죽음 같이 사람
도 죽으니"(3:19). 같은 맥락에서, 히브리서 저자도 이렇게 말한다. "한
번 죽는 것은 사람에게 정해진 것이요"(9:27). 전도자도 그리고 히브리
서 저자도 인간의 죽음을 정해진 것, 곧 운명이라고 말한다. 죽음은
인간에게 필연적인 것이다.

그러면 왜 인간에게 죽음은 필연적인 운명이 되었는가? 성서는 그
물음에 대해 분명한 답을 제공한다. "한 사람으로 말미암아 죄가 세
상에 들어오고 죄로 말미암아 사망이 들어왔나니 이와 같이 모든 사
람이 죄를 지었으므로 사망이 모든 사람에게 이르렀느니라"(롬 5:12).
"죄의 삯은 사망이요"(롬 6:23). 이 말을 한 사도 바울에 따르면, 인간에
게 죽음은 하나님께 대한 반항, 곧 죄 때문이라는 것이다.

인간은 본래 살기 위해 태어났다. 더 정확히 말하면, 인간은 살도
록 지음 받았다. 그러나 그런 의도에도 불구하고 지금은 죽기 위해 태
어난다. 그래서 인간의 삶은 태어남에서 죽음으로 가는 유한한 여정
이라고 말할 수 있다. 이것은 인간의 가장 큰 딜레마이다. 인간은 이
미 인생의 결론, 곧 인간은 죽는다는 것을 잘 알면서도 힘껏 살아가야

하니 말이다.

복음서의 나사로 이야기는, 인간은 죽는 존재라는 사실을 명확하게 해 주는 하나의 실례이다.

어느 날, 마리아와 마르다의 오라비인 나사로가 병이 들어 죽게 되었을 때 그들은 예수님께 사람들을 보내 '오셔서 고쳐 달라'고 요청했다. 그러나 예수님은 곧바로 가지 않으시고 거기에서 이틀을 더 머무르셨다가 나사로에게 갔다.

그러나 그 때는 이미 나사로가 죽어 장사지낸 뒤였다. 하지만 예수님은 하나님의 권능으로 그를 밖으로 불러내셨고 그는 수족이 베로 동이고 얼굴은 수건에 싸인 채로 걸어 나왔다. 예수님은 그를 "풀어 놓아 다니게 하라"(요 11:44)고 말씀하셨고 그는 그대로 되었다. 죽었다가 다시 소생한 것이다(그 후 그는 오랜 시간을 살았을 것이다). 하지만 이것이 그 이야기의 끝은 아니다. 그 이야기의 끝에 대해서는 성경에 기록되어 있지 않지만, 그 이야기의 결론은 그는 다시 죽게 되었다는 것이다. 왜냐하면 그것이 해 아래의 모든 인생 이야기의 결말이기 때문이다.

다른 한편으로, 욥은 이러한 경우에 대한 전형적인 예다. 사탄의 시험으로 인해 자신의 전 재산과 자녀들을 잃었지만 결국에는 하나님의 새로운 복을 얻었다. 욥기는 이와 관련하여 이렇게 말한다. "여호와께서 욥의 말년에 욥에게 처음보다 더 복을 주시니 그가 양 만 사천과 낙타 육천과 소 천 겨리와 암나귀 천을 두었고 또 아들 일곱과 딸 셋을 두었으며…그 후에 욥이 백사십 년을 살며 아들과 손자 사 대를 보았고"(42:12-13, 16). 그러나 욥기는 다음과 같은 말로 대단원의 막을 내린다. "욥이 늙어 나이가 차서 죽었더라"(17절). 욥은 결국에는 늙고 나이가 들어 죽었다.

모든 인간에게 죽음은 여호수아가 임종이 임박하여 이스라엘 백성에게 했던 말, 곧 "보라 나는 오늘날 온 세상이 가는 길로 가려니와"(수 23:14)라는 말처럼, 그리고 다윗이 임종이 임박하여 아들 솔로몬에게 유언을 남길 때 했던 말, 곧 "내가 이제 세상 모든 사람이 가는 길로 가게 되었노니"(왕상 2:2)라는 말처럼 "온 세상이 가는 길"이고 "세상 모든 사람이 가는 길"이다. 여호수아가 그랬고 다윗이 그랬다. 나사로가 그랬고 욥도 그랬다. 그리고 우리도 미래의 어느 시점에 그렇게 될 것이다. 그런데 그 길은 한번 떠나면 다시는 "돌아오지 못 할 길"(욥 16:22)이다.

돌아감으로서의 죽음

그러면 한번 떠나면 다시는 돌아오지 못하는 길인 죽음이란 무엇인가? 사전적인 의미로는, 죽음이란 '사람이 숨을 쉬며 살아 있는 상태를 뜻하는 목숨을 잃는 일이나 현상'을 말한다. 그러면 사람은 숨을 거두어 목숨을 잃게 됨으로써 그의 존재가 끝나는 것인가? 아니면 죽음 너머에도 또 다른 삶의 영역이 있는 것일까? 죽음에 대해 바르게 이해하는 것은 해 아래서의 우리의 삶의 적절한 양태를 위해 중요하다.

전도자는 "범사가 기한이 있고 천하 만사가 다 때가 있나니"(3:1)라고 말하면서 "날 때가 있고 죽을 때가 있으며"(2절)라고 말한다. 태어남과 죽음은 서로 나뉠 수 없는 한 쌍이라는 것이다. 실제로, 한 번 '온' 인생은 반드시 한번은 '가게 될' 인생이다. 태어난 인생은 반드시 죽게 될 인생이다. 그것이 해 아래에 존재하는 모든 생명의 법칙이고 운명이다.

우리말은 인간의 죽음에 대해서 말할 때 종종 완곡하고 정중한 표현으로 "돌아간다"라는 말을 사용하곤 하는데 그 말은 참으로 의미심장하다. 왜냐하면 그것은 죽음에 대한 성서적 의미를 함축하기 때문이다. 성서에서 죽음은 "돌아감"을 뜻한다. 이것은 전도서에서도 마찬가지인데, 전도자는 죽음을 돌아감으로 이해한다. 전도자는 인간의 죽음과 관련하여 이렇게 말한다. "그가 모태에서 벌거벗고 나왔은즉 그가 나온 대로 돌아가고"(5:15). 인간은 이 세상에 올 때 아무 것도 가지고 오지 않고 자신의 존재 자체인 몸, 곧 벌거벗은 몸 하나만을 가지고 온다. 그리고 하나님이 인간을 위해 마련해 놓으신 창조 세계의 여러 물질들을 청지기로 빌어 사용하다가 그대로 두고는 그 모습 그대로 몸만 "왔던 곳"으로 돌아가게 된다.

그러나 돌아감은 단순히 존재의 소멸이나 무로의 회귀를 의미하지 않는다. 오히려 그것은 근원, 곧 왔던 곳으로의 복귀를 의미한다. 그래서 우리는 사람이 죽었을 때 "돌아갔다"고 말한다.

흙과 창조자 하나님께로 돌아감

그러면 죽음을 통한 인간의 돌아감의 자리는 어디인가? 인간은 죽을 때 어디로 돌아가는가? 무덤인가? 무덤 너머의 또 다른 세계인가?

이 물음에 대한 대답은 일반적으로 세 가지 세계관에 근거한다.

첫 번째 세계관은 자연주의적/무신론적/인본주의적 세계관으로 물질이 궁극적인 실재라고 본다. 이 세계관은 모든 것이 상대적이 되며 허무주의를 조장한다. 그리고 허무로 끝이 난다. 인간이 죽으면 흙으로 돌아가는 것으로 끝이 난다는 것이다.

두 번째 세계관은 일원론적/범신론적/초월주의적/뉴에이지 운동적 세계관으로 영적인 것이 궁극적인 실재라고 보면서도 그것은 인격적인 존재라기보다는 모든 것이라고 본다. 이 세계관은 윤회와 환생을 이야기하면서 또 다른 측면의 허무주의를 조장한다. 인간이 죽으면 다른 것으로 환생한다는 것이다.

세 번째 세계관은 유신론적 세계관으로 창조자와 피조물을 구별하며, 피조물은 유한한 존재로 보는 반면에, 창조자를 궁극적인 실재로 보면서 그분을 지성을 지닌 무한한 인격적인 존재라고 주장한다(이슬람교는 이에 해당되지 않는다. 왜냐하면 알라는 인격적인 존재로 여겨지지 않기 때문이다). 이것이 바로 성서적/기독교적 세계관의 주장이며 이 세계관만이 "무덤을 넘어 진정한 소망을 제공한다"(보아).

우리가 이 세계관을 받아들이면 인간이 죽어 돌아갈 때 그 돌아감의 자리는 두 곳이 된다. 전도자는 그것에 대해 이렇게 말한다. 사람과 짐승이 "다 흙으로 말미암았으므로 다 흙으로 돌아가나니 다 한 곳으로 가거니와 인생들의 혼은 위로 올라가고 짐승의 혼은 아래 곧 땅으로 내려가는 줄을 누가 알랴"(3:20-21).

전도자의 말대로 그리고 성서적 관점에서 보면, 인간은 두 곳으로 돌아간다. 첫째, 인간은 죽을 때 흙으로 돌아간다. 왜냐하면 인간의 육체는 흙으로부터 왔기 때문이다. 그래서 하나님은 아담과 하와가 자신 앞에서 불순종하여 죄를 범했을 때 "네가 그것[흙]에서 취함을 입었음이라 너는 흙이니 흙으로 돌아갈 것이니라"(창 3:19)고 말씀하셨다.

둘째, 인간은 죽을 때 창조자 하나님의 세계 곧 하늘로 돌아간다. 전도자가 말하는 것처럼, "영은 그것을 주신 하나님께로 돌아"가는 것이다(12:7). 왜냐하면 하나님은 인간의 창조주이자 주인이시며 하늘은 인간의 "영원한 집"(2:5)이기 때문이다. 그래서 예수님은 사람들에게 "내가 너희와 함께 조금 더 있다가 나를 보내신 이에게로 돌아가겠노라"(요 7:33)로 말씀하셨고, 제자들에게 "가서 너희를 위하여 거처를 예비하면 내가 다시 와서 너희를 내게로 영접하여 나 있는 곳에 너희도 있게 하리라"(요 14:3)고 말씀하셨다.

예수님은 이 말씀을 통해 그리고 복음서 여러 곳에서 여러 가르침을 통해 인간의 죽음이 인생의 끝이 아님을 분명히 하셨다. 특히, 이 점은 예수님이 세상을 두 가지, 곧 "이 세상과 오는 세상"(마 12:32)으로 구분하여 설명하실 때 분명하게 되었다. 이 세상은 "해 아래"의 세상이다. 이 세상에서의 삶은 "해 아래의 삶"이다. 반면에 오는 세상은 "해 위"의 세상이다(그 때는 해가 없다. 하나님 자신이 해의 역할을 하신다[계 22:5]). 오는 세상에서의 삶은 "해 위의 삶"이다. 인간의 삶은 이 두 가지 면으로 구성되고 영위되어야 온전하다.

그래서 우리는 죽어서 흙으로 돌아가지만 동시에 우리의 창조주 하나님께로 돌아간다는 것을 분명하게 기억하면서 우리의 인생길을 걸

어가야 한다. 보아는 이 점과 관련하여 이렇게 말한다. "시대를 살다
간 위대한 성자들은 자신들의 달력에서 단 두 낱말을 기억하는 지혜
를 배웠다. 바로 오늘과 그날(주님과 함께 할 그날)이다. 만약 우리가 마음
의 지혜를 원한다면, 우리는 그 날을 염두에 두고 매일을 사는 법을
배워야 한다."

　해 위의 삶을 믿는 사람들은 해 아래의 삶을 경시하지 않고 진지하
게 받아들이면서 매 순간의 삶을 의미 있고 활기차게 살아갈 수 있게
된다. 장차 해 위의 삶(하나님께로 돌아갈 영원한 의미 있는 삶)이 현재 해 아래
의 삶(장차 흙으로 돌아갈 헛된 삶)을 규정하며 이끌어 주기 때문이다. 이것
이 바로 우리로 하여금 전도자가 말하는 헛된 삶의 세계에서, 지나가
는 세상에서 허무를 극복하며 의미 있는 삶을 살아갈 수 있게 해주는
최고의 그리고 최선의 방법이다.

12.
하나님의 심판, 거룩한 사랑과 정의의 귀결

어린 시절부터 '모든 일은 반드시 바른 길로 돌아간다'는 의미의 "사필귀정"이라는 말을 자주 들으며 자랐다. 그리고 그 말을 믿으며 살아왔다. 그러나 나이를 먹고 불합리하고 부조리한 현실을 많이 보게 되면서 어느 순간부터 그 말에 의문을 품게 되었다. 많은 경우에 현실은 선과 정의가 이기기보다는 악과 부정이 이기는 모습이다. 많은 경우 준법보다는 불법, 위법 또는 편법이 더 잘 든다.

그러므로 사필귀정이란 말은 현실적으로 부분적으로는 옳지만 전체적으로는 옳지 않은 것 같다. 최종적으로 하나님이 모든 일을 바로잡으실 때까지는 그럴 것 같다. 왜냐하면 이 세상에는 여전히 악이 있고 인간에게는 여전히 죄성이 있기 때문이다.

하나님은 역사 안에서 활동하시는 분이 맞는가?

이스라엘 백성은 애굽에 있을 때 애굽 왕 바로에 의해 민족적으로 수난을 당했다. 그때 이스라엘 백성은 하나님께 부르짖었고 하나님은 그들이 고통 속에서 부르짖는 소리를 들으시고 응답하셨다. "이제 가라 이스라엘 자손의 부르짖음이 내게 달하고 애굽 사람이 그들을 괴롭히는 학대도 내가 보았으니 이제 내가 너[모세]를 바로에게 보내어 너에게 내 백성 이스라엘 자손을 애굽에서 인도하여 내게 하리라" (출 3:9-10).

하나님은 왜 자신이 택한 이스라엘 백성이 극한 고난을 당해 부르짖기 전까지 그들의 고통을 보시면서도 먼저 손을 쓰지 않으셨는가? 하나님의 시간표 때문이었는가? 오래 전에 하나님은 아브라함과 언약을 세우실 때 그의 후손들에게 가나안 땅을 주시겠다고 약속하시면서 이런 말씀을 주셨다.

> 너는 반드시 알라 네 자손이 이방에서 객이 되어 그들을 섬기겠고 그들은 사백 년 동안 네 자손을 괴롭히리니 그들이 섬기는 나라를 내가 징벌할지며 그후에 네 자손이 큰 재물을 이끌고 나오리라 너는 장수하다가 평안히 조상에게로 돌아가 장사될 것이요 네 자손은 사대 만에 이 땅으로 돌아오리니 이는 아모리 족속의 죄악이 아직 가득 차지 아니함이니라.(창 15:13-16)

여기서 하나님은 이스라엘 민족이 이방에서 객이 되어 고난을 받다가 사대 만에 가나안 땅으로 오게 되는 것은 아모리 족속의 죄악과 관계가 있다고 말씀하신다. 그러면 왜 아모리 족속의 죄악 때문에 이스라엘 백성이 고난을 받아야 하는가? 그것과 상관없이 하나님 자신의 구원계획을 이루어가면 안 되는가? 이런 물음들은 하나님의 역사적 활동과 관련하여 저절로 생기는 것들이다.

하나님의 말씀대로, 그 후 이스라엘 백성은 모세를 통한 하나님의 인도에 따라 "아름답고 광대한 땅, 젖과 꿀이 흐르는 땅 곧 가나안"(출 3:8)으로 들어가 그곳을 터전으로 삼아 살아가게 되었다. 그러나 블레셋 등 여러 족속의 계속되는 외침으로 인해 고통을 겪어야 했다. 이스라엘 민족의 삶은 고통 가운데 피폐해졌다.

기드온은 그런 상황 속에서 살아가고 있었다. 그때 하나님이 기드온을 부르셨고 그는 하나님의 부르심에 응답하기보다는 하나님의 사자에게 그 상황에 대해 불평을 늘어놓았다.

> 오 나의 주여 여호와께서 우리와 함께 계시면 어찌하여 이 모든 일이 우리에게 일어났나이까 또 우리 조상들이 일찍이 우리에게 이르기를 여호와께서 우리를 애굽에서 올라오게 하신 것이 아니냐 한 그 모든 이적이 어디 있나이까 이제 여호와께서 우리를 버리사 미디안의 손에 우리를 넘겨주셨나이다.(삿 6:13)

기드온의 말대로, 하나님이 이스라엘 백성과 함께 하신다면, 그리고 출애굽 사건을 행하신 분이라면 왜 이스라엘은 계속해서 고통을 겪어야 했는가? 하나님의 돌보심과 역사적 행위는 어디에 있었는가?

성서는 분명히 하나님의 역사적 행위를 강조한다. 그 출발점은 창조행위이며, 특히 하나님의 역사적 행위를 분명하게 나타내는 사건은 구약과 신약에서 양대 사건인 출애굽 사건과 예수님의 화육(incarnation)의 사건이다. 그리고 결국에는 하나님의 역사적 행위의 절정이 될 하나님의 구원계획의 완성 사건이다.

그러나 이러한 위대한 사건들에도 불구하고, 우리가 살아가는 세상, 곧 해 아래서 일어나는 일들을 보면 역사 속에서의 하나님의 부재를 생각하게 된다. 그래서 우리도 시인처럼 "여호와여 어찌하여 멀리 서시며 어찌하여 환난 때에 숨으시나이까"(10:1)라고 묻게 된다. 개인적으로, 성서에 근거하여 하나님의 역사적 행위를 확실히 믿지만 그럼에도 불구하고 저절로 이런 물음이 생길 때가 종종 있다.

징벌이 없으면 담대히 악을 행한다

이신론 또는 자연신론(deism)은 합리주의적인 유신론으로 세계는 그 자체의 법칙에 의해서 움직인다는 사상이다. 다시 말하면, 하나님은 첫 원인으로 우주만물을 지으신 다음에 자연법칙에 따라 스스로 돌아가도록 해 놓고 전혀 관여하지 않는다는 것이다.

이것은 지극히 기계론적인 입장으로 하나님의 특별 계시나 기적과 같은 성서의 가르침을 인정하지 않기에 분명 성서적·기독교적 하나님 이해와는 맞지 않는 종교철학 사상이다. 왜냐하면 기독교 신앙은 앞에서 언급한 대로 하나님을 자신이 지으신 우주만물을 주관하시면서 역사 속에서 활동하시는 분으로 이해하기 때문이다.

그러나 때론 현실적으로는 이신론적 신 이해가 수긍이 갈 때가 있다. 전적으로는 아닐지라도, 부분적으로는 그렇다. 성서를 전적으로 하나님의 말씀으로 믿기 때문에 그것에 근거하여 하나님의 역사적 행위를 믿지만 현실 상황을 보면 종종 그것에 대한 진지한 물음이 생긴다. 성서를 진리로 받아들이고 또 하나님의 역사적 행위를 믿기에 그것이 이 세상에서 일어나는 일과 조화를 이루지 않을 때 '인지 부조화'의 내적 갈등상태에서 저절로 물음이 생기는 것이다.

예를 들면, 나는 히틀러가 전쟁을 일으켜 유대인들을 포함해 수많은 사람들의 목숨을 앗아간 것을 생각하면서 이런 물음을 묻곤 한다. "왜 하나님은 그토록 잔인한 인간을 죽이지 않으셨을까? 그와 그의 부하들이 수많은 사람들을 죽이기 전에 몇 안 되는 그들의 목숨을 취하셨다면, 그들로 인해 죽은 수많은 사람들의 목숨을 구할 수 있었을 텐데. 수많은 사람들을 죽게 하는 것보다 아주 사악한, 예수님의 말씀대로 하면 "차라리 태어나지 아니하였더라면 제게 좋을 뻔"(마 26:24)한 몇 사람을 죽게 하는 것이 낫지 않을까?(이것은 공리주의적인 사고인가?) 그것이 현명한 처사가 아닐까? 지혜로운 행동이 아닐까?" 이런 물음들은 비판의 대상이 될 수 있음을 잘 알지만 인간의 고통의 문제를 생각할 때 제기하게 되는 물음들이다.

실제로, 사도행전 12장에는 그와 비슷한 이야기가 나온다. 초기 교회가 부흥하고 번창해 갈 때, 스데반의 죽임으로 시작된 유대교인들의 박해로 그리스도인들은 뿔뿔이 흩어지게 되었다. 그때 헤롯왕이 요한의 형제 야고보를 죽이자 유대인들이 환호했고 그것을 보고 그들의 마음을 얻고자 베드로도 잡아 감옥에 가두게 하였다.

그러나 하나님이 그를 탈출시키시자 헤롯이 두로와 시돈 사람들에게 대단히 노하였고, 그들은 헤롯의 침소 맡은 신하 블라스도를 통해 헤롯과 화목하기를 청하였다. 헤롯은 왕복을 입고 단상에 앉아 연설을 했는데, 사람들은 그의 목소리를 사람의 목소리가 아닌 신의 목소리라고 말했다. 그 때 그는 영광을 하나님께 돌리지 않고 자신이 취했고 그로 인해 주의 사자가 그를 쳤고 벌레에게 먹혀 죽게 되었다.

그렇다면 왜 하나님은 자신의 창조세계를 어지럽히고 자신의 형상을 지닌 수많은 사람들의 생명을 무력으로 앗아가는 잔인한 히틀러와 그의 졸개들을, 또한 역사적으로 그리고 지금도 그와 같이 행하는 사악한 인간들을 쳐서 벌레에게 먹혀 죽게 하지 않으셨고 또 안하실까? 다른 말로 하면, 왜 하나님은 헤롯왕과는 달리 즉시 그들을 징벌하지 않으신 걸까? 왜 심판하지 않으신 걸까? 그에 대한 징벌과 심판을 최후 심판 때로 미루신 것일까? 하나님은 사랑과 자비의 하나님이라서 그들이 회개하고 자신에게로 돌아오기를 바라시고 계심을 잘 알고 있지만, 최소한 강력 범죄을 저지르는 인생들에 대해서는 무언가 해야 하는 것이 정의롭지 않은가? 그것이 진정 거룩한 사랑의 하나님, 정의의 하나님의 정의로운 행동이 아닐까? 이렇게 묻는 것은 은혜롭지 못한 것인가?

그런데 이런 생각이 들 때면 곧바로 마음에 떠오르는 성경 구절들이 있다. "이는 내 생각이 너희의 생각과 다르며 내 길은 너희의 길과 다름이니라 여호와의 말씀이니라 이는 하늘이 땅보다 높음 같이 내

길은 너희의 길보다 높으며 내 생각은 너희의 생각보다 높음이니라"(사 55:8-9). "하나님의 어리석음이 사람보다 지혜롭고 하나님의 약하심이 사람보다 강하니라"(고전 1:25). 분명, 하나님의 생각은 우리의 생각과 다르며 하나님의 길은 우리의 길과 다르다. 그리고 당연하게도 하나님은 우리보다 훨씬, 그것도 비교할 수 없을 만큼 훨씬 지혜로우시다. 그러므로 우리는 비록 하나님의 계획과 방식이 우리의 생각과 다르고 잘 이해가 되지 않는다 하더라도 그것들을 존중하고 따를 필요가 있다. 거기에는 하나님의 깊으신 뜻이 있을 것이기 때문이다.

전도자는 "악한 일에 관한 징벌이 속히 실행되지 아니하므로 인생들이 악을 행하는 데에 마음이 담대하도다 죄인은 백 번이나 악을 행하고도 장수하거니와…"(8:11-12)라고 당시의 그리고 오늘날의 현실 세계의 인간의 모습을 그대로 말한다. 그에 따르면, 악한 일에 대한 제재가 즉각 가해지지 않으면 인간은 계속해서 그리고 더욱 악한 일을 하게 된다는 것이다. 꼭 그런 것만은 아니지만, 실제로 대부분은 범죄에 대한 제재나 징벌이 따르지 않을 때 인간의 행동은 더 나빠지는 경향이 있다. 그런 점에서 벌은 필요하다. 범죄의 확산을 막기 위해서다. 그러나 징벌은 그런 필요성 그 이상이다. 징벌의 진정한 가치는 악한 일에 대한 대가를 치르게 하고 책임을 지게 하는 것이다. 징벌은 그 행위가 나쁘다는 것을 개인적으로 그리고 공적으로 선언하는 것이다.

현실적으로 어떤 이들은 수없이 악을 행하고도 잘되고 번영하는 반면에 또 어떤 이들은 바르고 정의롭게 행하면서도 잘못되는 경우도

적지 않다(우리는 그 이유를 무척이나 알고 싶지만 잘 모른다). 전도자는 자신의 시
대 현실 속에서 그런 모습을 많이 보았다. 그러나 그런 모습은 어느
시대나 있고 오늘 우리 시대에도 있으며 불행하게도 주님이 재림하실
때까지 앞으로도 있을 것이다.

하나님의 심판은 있다

전도자는 심판을 가르친다. 그는 징벌(심판)이 행해지지 않거나 더딤
으로 범죄가 만연한다고 말하면서도 장차 그 모든 것에 대한 하나님
의 심판이 있음을 분명히 한다. 전도자는 이 세상과 그 가운데 살아
가는 인간의 모습에 대한 자신의 관찰과 성찰의 글을 마무리하면서
두 가지를 명시한다. "일의 결국을 다 들었으니 하나님을 경외하고
그의 명령들을 지킬지어다 이것이 모든 사람의 본분이니라 하나님은
모든 행위와 모든 은밀한 일을 선악간에 심판하시리라"(12:13-14).

하나는 하나님을 경외하고 그분의 명령들을 지키라는 것이다. 곧
하나님의 말씀에 순종하면서 그분을 섬기라는 것이다. 다른 하나는
하나님은 인간이 하는 모든 행위와 은밀히 행하는 일까지 심판하신
다는 것이다. 어떤 경우에는 즉각적인 심판으로, 또 어떤 경우에는 최
종적인 심판으로(아마도 대부분은 이 경우일 것이다) 그렇게 하실 것이다. 마음
같아서는 즉각적으로 가끔씩 심판을 통해 인생들에 대한 교통정리를
해 주시면 이 세상에서의 삶이 더 좋아질 것이라는 생각이 들긴 하지만
말이다(전도자가 선악간에 심판하신다고 말할 때 그 심판은 이 세상에서의 심판일 것이다).

오늘날 사람들은 죄, 심판, 지옥과 같은 말을 듣기 싫어하고 또 믿지도 않는다. 왜냐하면 그들의 마음이 불편해지기 때문이고 더 근본적으로는 하나님을 믿지 않기 때문이다(불행하게도, 그런 태도는 교인들 중에도 있다. 그들은 설교에서 그런 말들을 듣기를 싫어한다). 그러나 그것들은 성서가 분명하게 가르치는 중요한 메시지이다. 특히, 하나님의 심판은 분명하게 있다. 아담과 하와가 선악을 알게 하는 나무의 열매를 따먹었을 때 그들과 사탄을 심판하신 것, 노아 때 물로 타락한 세상을 심판하신 것, 이스라엘 백성이 하나님 앞에서 불순종할 때 바벨론을 통해 심판하신 것 등은 하나님의 심판이 있음을 보여주는 분명한 예들이다. 하나님은 분명 "만민의 심판자"(히 12:23)이시다.

게다가, 하나님의 아들 예수님은 심판을 자신의 메시지의 중요한 부분으로 선포하셨다. 마태복음 25장에서 양과 염소의 비유를 통해 그것에 대해 분명하게 말씀하셨다. 그리고 하나님의 천사는 밧모섬에 있던 요한에게 "하나님을 두려워하며 그에게 영광을 돌리라 이는 그의 심판의 시간이 이르렀음이니 하늘과 땅과 바다와 물들의 근원을 만드신 이를 경배하라"(계 14:7)고 말했다. 이처럼, 하나님의 진노, 하나님의 심판은 분명하다. 그래서 히브리서 저자는 "한 번 죽는 것은 사람에게 정해진 것이요 그 후에는 심판이 있으리니"(9:27)라고 분명하게 말했다. 하나님의 심판은 분명히 있다.

우리는 흔히 자기를 낳아 길러 준 부모에게 못된 짓, 곧 거부, 폭력행사 또는 살인하는 것을 "패륜"(immorality) 또는 패륜행위(immoral conduct)라고 말한다. 같은 맥락에서, 사람들이 자기들의 영적 부모이신 창조자 하나님을 거부하는 것을 "영적 패륜" 또는 "영적 패륜행위"라고 할 수 있다(어떤 사람들에게는 이런 말들이 불쾌하게 들릴지도 모르겠지만 그것은 분명 성서가 가르치는 핵심 내용이다). 패륜은 마땅히 비난 받고 징벌을 받아야 한다. 그것은 어떠한 상황에서도 인간이 해서는 안 되는 일이기 때문이다. 영적 패륜에 대해서도 마찬가지이다. 하나님의 심판의 중요한 면은 영적 패륜과 관계가 있다.

영적 패륜과 불순종에 대한 하나님의 심판은 본질적으로 두 가지 점에서 필연적이다.

첫째, 하나님의 심판은 하나님 자신의 본성에 근거한다. 하나님은 사랑이시다. 그러나 그 사랑은 거룩하다. 그래서 하나님은 거룩한 사랑이시다. 하나님의 사랑은 거룩한 사랑이다. 정의로운 사랑이다. 정의는 사랑의 다른 면이다. 그런 이유로, 하나님은 자신의 신적 속성과 맞지 않는 죄악을 그냥 내버려 두실 수 없다. 토마스 랭포드(Thomas A. Langford)는 이렇게 말한다. "사랑이 사회적 상황에서 표현될 때 정의는 사랑의 가장 강한 도구가 된다…사랑은 언제나 집단생활에서 으뜸가는 표현으로 정의를 요구한다…정의를 부정하는 것은 사랑 그 자체를 부정하는 것이다."

그는 계속해서 말한다.

사랑과 정의 두 가지 모두에 대한 요구는 그리스도 안에 계신 하나님이 역사 안에서 활동하고 계신다는 확신에 근거한다. 계시(revelation)와 혁명(revolution)은 밀접하게 관련되어 있다. 하나님의 나라가 인간의 역사

속으로 침입해 들어오면 근본적으로 표준적인 가치들과 확립된 인간의 기준들은 바뀐다. 사랑과 정의는 하나님의 역사적 임재의 혁명적인 표현이 된다…하나님을 참되게 예배하는 것은 사랑과 정의의 합류를 발견하는 것이다.

둘째, 하나님의 심판은 자신의 창조세계를 교정하는 수단이다. 하나님의 심판이 없다면 사악한 인간들로 인해 이 세상은 엉망이 되고 말 것이다. 이런 점에서, 하나님의 심판은 본질적이고 필연적이다. 이 점과 관련하여, 라이트는 이렇게 말한다. "우리의 직선적 시간 안에는 창조와 출애굽 사건, 무엇보다도 예수님을 통해 하나님이 이루신 과거 사건과 만물의 회복이라는 미래 사건이 함께 스며들고 삽입되며 가득 차 있는 것같이, 심판과 자비 또한 함께 내재해 있어 그분이 창조세계 전체를 최종적으로 바로잡는 수단으로 작용한다."

그는 이렇게도 말한다.

성경에 대한 기독교적인 견해는 하나님의 계시라는 개념을 포함한다. 하지만 신적 자기 계시 개념을 더 크고 적절한 맥락 안에 놓으면 개념 자체가 변화함을 알 수 있다. 즉 우리가 믿는 자신을 계시하시는 하나님은 세상에 부재하는 군주가 아니라, 반대로 세상을 사랑하는 분이자 세상의 심판자이다. 그렇기 때문에 하나님의 자기 계시는 세상을 향한 하나님의 사명이라는 개념 속에서, 다시 말해 하나님의 구원의 통치가 예수님과 성령을 통해 흘러나와 모든 피조물의 치료와 회복이라는 목표를 향하고 있다는 개념 속에서 이해되어야 한다.

해 아래의 질서는 해 위의 질서에서 비롯된다. 그래서 예수님은 제자들의 요청에 따라 그들에게 기도를 가르치실 때 "뜻이 하늘에서 이루어진 것 같이 땅에서도 이루어지이다"라고 말씀하셨다. 하나님은 사랑을 통해 세상에 생명을 주시면서 심판을 통해 잘못된 세상을 고치시고 바로잡으신다. 그래서 심판이 필요하다.

심판을 지나 영원한 삶으로

전도자는 하나님의 심판을 말하고 더욱이 전도서의 마지막을 심판에 대해 말하는 것으로 끝을 맺지만, 그것이 전부는 아니다. 왜냐하면 그는 이미 앞에서 영원에 대한 문제를 다루었기 때문이다(그리고 그것은 성서의 중심 주제이다. 아니, 최고 주제이다). 영원하신 하나님으로부터 기인된 인간 안에 있는 영원한 삶을 사모하는 마음은 참된 것이다. 그것은 막연한 종교심이나 불멸사상이 아니다. 그것은 하나님의 생명과 통치에 바탕을 둔 실체이다.

게다가, 하나님은 사람들에게 그러한 영원을 사모하는 마음만 주신 것이 아니다. 진정, 영원한 생명을 주신다. 그것이 하나님이 세상을 그토록 사랑하셔서 유일하신 아들 예수 그리스도를 십자가에 달려 죽게 하셨다가 부활하게 하신 이유이다(요 3:16; 11:25를 보라).

라이트는 이렇게 말한다.

창조세계는 어딘가 지향점을 향해 진행되고 있다. 창조세계는 실현 중에 있는 프로젝트이지 모든 것이 결정된 그림이나 기계가 아니다. 피조물은 그 자체 안에 일종의 리듬을 담고 있다. 마치 신비롭게도 그 리듬 속에서, 하나님의 생명의 리듬이 우리 자신의 리듬과 교차하는 것 같다.

그러면 창조세계의 지향점은 어디인가? 하나님 나라의 완성이다. 영원한 생명을 약속하는 기독교 신앙은 궁극적으로 미래이다. "미래에 대한 희망은 기독교의 본질적인 요소이다"(Durka). 우리는 "해 아래에서 행해지는 일을" 아무리 노력해도 "능히 알아낼 수 없"다. "아무리 애써 알아보려고 할지라도 능히 알지 못"한다(전 8:17). 게다가, 비록 우리가 당장 악과 악인에 대한 심판이 이루어지기를 바라지만 그렇게 이루어지지 않을지라도 궁극적으로는 그렇게 될 것이다. 왜냐하면 "모두 다 하나님의 손 안에"(전 9:1) 있기 때문이다.

이런 점에서, 몽고메리의 말은 옳다.

> 역사는 마지막 심판─"하늘은 두루마리가 말리는 것 같이 떠나가고"(계 6:14), 그리고 역사 전체에 걸친 인간의 이기주의의 악들이 바로 잡히게 될 심판─을 향해 진행해 가고 있다…종말에 있을 마지막 심판, 완전히 의로운 심판에 대한 이 약속은 기독교적 역사 개념(conception)에 방향과 궁극적인 의미를 제공한다.

악인의 날은 "그림자와 같"을 것인데, 왜냐하면 그는 "하나님을 경외하지" 않기 때문이다(전 8:13).

그리스도인의 영원한 삶은 그리스도의 십자가를 지나 부활 뒤의 삶이다. 그것이 "부활이요 생명이"신 예수 그리스도를 "믿는 자는 죽어도 살겠고 무릇 살아서" 그분을 "믿는 자는 영원히 죽지" 않게 되는 이유이다(요 11:25).

타운즈는 아주 설득력 있게 이렇게 말한다.

> 성경은 실망했거나 풀이 죽었거나 또는 인생의 목적이 없는 사람들을 위한 현재적 희망의 이야기이다. 하나님은 당신을 사랑하시고 당신의 인생을 위한 놀라운 계획을 가지고 계신다고 성경은 말한다. 성경은 그리스도께서 자기 백성으로 하여금 기쁨이 넘치는 가운데 자신과 함께 있도록 다시 오실 미래에 대한 이야기이다. 우리가 죽으면 우리의 몸은 부활할 것이며, 우리는 하나님과 함께 영원히 살게 될 것이다.

시인은 "주께서 죄악을 책망하사 사람을 징계하실 때에 그 영화를 좀먹음 같이 소멸하게 하시니 참으로 인생이란 모두 헛될 뿐이니이다"(39:11)라고 읊었다. 우리의 영화는 어느 순간 좀먹은 것 같이 될 것이다. 우리가 해 아래서 "허무한 날을 사는 동안"(전 7:15), "헛된 생명의 모든 날을 그림자 같이 보내는 일평생에"(전 6:12) 그 허무함과 헛됨을 "의미"로 채우며 살 수 있는 유일한 길은 하나님을, 곧 의미의 하나님을 섬김으로 얻게 되는 영원한 생명을 믿음을 통해 얻어 삶에 담고 사는 것이다. 그런 사람만 지나가는 이 세상과 유한한 우리 인생에는 헛된 것만 있지 않다는 것을 알고 경험하게 될 것이다. 우리 모두 그런 사람이기를 소원한다.

에필로그.
미완성과 완성의
인생 이야기

전에 한 번은 큰 아이와 둘째 아이가 영화를 본다고 해서 저녁 시간에 데려다 주고 영화가 끝날 때까지 기다렸다가 데리고 온 적이 있다. 돌아오는 길에는 종종 듣던 CD에 담겨 있는 음악을 들으며 왔는데, 흘러나오는 노래 중 하나는 비틀즈의 "Let it be."이었다. 언제 들어도 감미로운 멜로디라서 종종 듣곤 했다. 음악을 듣다가 아이들에게 "유명한 가수들 중에는 자살한 사람들이 많이 있단다"라고 말했더니, 큰 애가 "외로워서 그렇겠죠?"라고 대꾸했다.

그 소리를 듣고 나는 이렇게 대답했다. "하나님 없이 살면, 누구나 다 절대적 공허감을 느낄 수밖에 없다. 인간 안에는 다른 무엇으로는 채울 수 없는 하나님만의 자리가 있기 때문이다. 아무리 돈이 많아도, 아무리 권력이 있어도, 아무리 많이 배워도, 아무리 유명해도 그렇다. 가수들은 무대 위에 서면 자신들에게 환호하는 청중들을 보고는 기뻐하고 자신이 최고인 것처럼 느끼지만(가수는 청중의 박수를 먹고 산다고 어느 가수는 말했다), 무대 뒤로 나가면 갑자기 혼자가 되고 고독해 진다(박수 소리를 듣지 못하기 때문일 것이다). 그때 공허감을 느끼게 되기 싶고 그로 인해 어떤 사람들은 그 공허감을 채우거나 잊기 위해 마약 같은 것을 하게 되는 거야. 더 나쁘게는 깊은 허무와 고독 가운데 스스로 이 세상을 떠나기도 하고."

그런 다음 이렇게 당부했다. "앞으로 이것을 명심해라. 너희가 어른이 되어 어디서 무엇을 하며 살아가든 꼭 하나님과 함께 인생길을 걸어가야 한다. 그것이 인간에게 마땅한 것 일뿐만 아니라 우리는 오직 하나님 안에서만 인생의 온전한 의미와 참된 만족을 느낄 수 있고 허무를 벗을 수 있기 때문이다."

"열매 없는 가을 나무"처럼

우리는 지금까지 <해 위의 삶: 지나가는 세상에서 의미 있는 삶을 추구하기>란 제목으로 어떻게 하면 허무하고 헛된 삶의 세계에서 의미 있고 풍성한 삶을 살 수 있는지를 전도서를 바탕으로 함께 성찰해 보았다.

사람은 누구나 태어나 시간의 흐름과 함께 나이가 들어간다. 그 과정은 어림에서 젊음으로 그리고 다시 젊음에서 늙음으로 진행된다. 이것은 누구도 피할 수 없는 인생의 법칙이자 해 아래서의 삶의 진행 순서이다. 그 과정에서 인간은 필연적으로 허무(헛됨)를 느끼게 되는데 그것은 모든 사람에게 보편적이다. 그것이 인생이다. 그래서 누구든지 나이가 들어가는 것을 기뻐하지 않는다. 왜냐하면 늙어 감은 계속해서 인간의 감정을 희망에서 절망으로 바꾸어 놓기 때문이다.

더욱이 이 세상에서 해 아래의 삶만을 생각하고 하나님 없는 삶을 살아가면 누구나 절대적 허무함을 벗을 수 없다. 왜냐하면 해 아래의 삶 자체로는 온전한 의미를 생성할 수 없기 때문이다. 지금은 목회자로 살아가지만 한때 유명 가수였던 이종용 씨가 느꼈던 그런 빈 마음과 거기에서 나오는 깊은 허무를 느끼게 된다(그것은 그의 노래 〈난 참 바보처럼 살았군요〉에 잘 나타나 있다).

"어느 날 난 낙엽 지는 소리에 / 갑자기 텅 빈 내 마음을 보았죠 / 그냥 덧없이 살아버린 / 그런 세월을 느낀 거죠 / 저 떨어지는 낙엽처럼 / 그렇게 살아버린 내 인생을 / 우- 잃어버린 것이 아닐까 / 늦어버린 것이 아닐까 / 흘러버린 세월을 찾을 수만 있다면 / 얼마나 좋을까 좋을까." 인간에게 있어서 온전한 의미는 주어지는 것이다. 그것은 의미의 중심에서부터 파생되는 것이다. 믿음의 사람들도 "허무"를 느낄 수 있다. 더 정확히 말하면, "허탈"을 느낄 수 있다. 그 허탈은 절대적인 것이 아닌 상대적인 것이다. 믿음의 사람들은 하나님과 함께 인생의 의미(그것은 절대적 의미이다)를 느끼기 때문에 절대적으로는 존재론적 허무/공허감을 느끼지 않는다. 그러나 모든 것이 지나가는 세상, 곧 해 아래에서는 상대적으로 허탈함을 느낄 수 있다. 열심히 노력하며 살았는데도 손에 잡히는 것이 거의 없거나 남는 것이 없을 수 있다. 그 때는 허탈해질 수 있다. 그러나 그런 허탈은 하나님 없이 살아가는 사람들의 절대적 허무와는 근본적으로 다른 것이다.

절대적 허무는 영적으로 죽은 상태에서 나온다. 유다서의 저자는 그와 같이 영적으로 죽어 있는 인생을 가리켜 "죽고 또 죽어 뿌리까지 뽑힌 열매 없는 가을 나무"(1:12)로 비유한다. 하나님 없이 자기 이념이나 신념으로만 사는 인생은 진정 "열매 없는 가을 나무"의 상태를 벗을 수 없다. 그런 존재는 죽되 뿌리까지 뽑혀 완전히 말라 죽어 있는 상태이다. 외적으로는 푸르고 생기발랄해 보여도 내적으로는 완전히 시든 인생이다. 생명의 기운이 완전히 소진된 고목과 같다. 영적으로 완전히 죽어 있는 존재이다.

어떤 나무는 본래 열매가 없이 존재하도록 지음 받았고 어떤 나무는 열매를 풍성히 맺도록 지음을 받았다. 인간은 믿음 안에서 하나님과 함께 풍성한 열매를 맺도록 지음을 받았다. 인간의 열매는 "하나님과의 관계의 열매"이다. 예수님은 포도나무의 비유에서 이것을 이런 식으로 말씀하셨다. "나는 포도나무요 너희는 가지라 그가 내 안에, 내가 그 안에 거하면 사람이 열매를 많이 맺나니 나를 떠나서는 너희가 아무 것도 할 수 없음이라"(요 15:5).

시인은 그런 모습을 "시냇가에 심은 나무가 철을 따라 열매를 맺으며 그 잎사귀가 마르지 아니함 같"다고 노래했다(1:3). 그것이 원래 하나님이 인간에게 의도하신 것이다.

헛됨과 허무를 타파하는 하나님을 믿는 믿음

하나님의 사람들도 인간이며 또 인간의 한계를 지니고 있어서 온전하게 허탈함을 벗을 수 없다. 나이가 들어가면서 나이 듦에서 오거나 느껴지는 실존적인 고독과 육신의 낡음을 벗을 수 없다. 그러나 믿음 안에서 그리스도인은 더 나은 미래, 더 나은 삶의 상태를 바랄 수 있다. 바울은 그것을 이렇게 표현했다. "우리가 낙심하지 아니하노니 우리의 겉사람은 낡아지나 우리의 속사람은 날로 새로워지도다…우리가 주목하는 것은 보이는 것이 아니요 보이지 않는 것이니 보이는 것은 잠깐이요 보이지 않는 것은 영원함이라"(고후 4:16,18).

보이는 것(해 아래의 것)이 아닌 보이지 않은 것(해 위의 것)을 볼 수 있는 것은 믿음의 눈을 통해서다. 새롭게 된 마음을 통해서다. 거듭난 생명을 통해서다. 히브리서 기자가 말하는 것처럼, 믿음은 "보이지 않는 것들의 증거"(11:1)이다. 이것을 예수님의 말씀으로 바꾸어 말하면, 거듭나야만 해 위의 영원한 세계(하나님의 나라)를 볼 수 있다(요 3:3). 보이지 않는 세계는 믿음의 세계이다. 그래서 그것을 보려면 믿음이 있어야 한다. 믿음의 눈으로 보아야 한다.

잠언 기자는 "고운 것도 거짓되고 아름다운 것도 헛되"다고 말한다 (31:30). 그리고 하나님은 이사야 선지자를 통해 주시는 말씀에서 이스라엘 백성을 풀로 비유하시면서 이렇게 말씀하셨다. "풀은 마르고 꽃이 시듦은 여호와의 기운이 그 위에 붊이라 이 백성은 실로 풀이로다 풀은 마르고 꽃은 시드나 우리 하나님의 말씀은 영원히 서리라"(40:7-8).

이 세상에 존재하는 것은 모두 시드는 것이다. 지나가는 것이다. 고운 것도 지나가고 아름다운 것도 지나간다. 그래서 그런 것들은 궁극적으로 헛되다. 그런 것들은 부분적으로는 가치가 있을지라도 결국에는 사라져 버릴 것이기에 헛된 것들이다. 그러나 믿음은 영원하다. 하나님을 경외하고 섬기는 것은 결코 지나가지 않는다. 하나님의 기억에 새겨져 영원히 고스란히 남는 것이다.

불후의 믿음(immortal faith). 그것은 성서가 강조하는 것이다. 사도 바울이 "믿음, 소망, 사랑 이 세 가지는 항상 있을 것인데 그 중의 제일은 사랑이라"(고전 13:13)고 말했을 때, 그는 믿음의 항존성을 강조한다. 그가 말하는 것처럼, 믿음은 항상 있을 것이다. 왜 믿음은 항상 있게 될까? 믿음은 관계, 곧 하나님과의 관계이기 때문이다. 믿음은 하나님과의 관계를 나타내는 신앙 용어이다. 하나님이 영원하시기에 하나님에 대한 우리의 믿음이 영원하게 된다.

믿음을 통해 형성되는 우리와 하나님과의 관계는 영원하다. 영원하신 하나님에 대한 믿음은 해 아래의 삶의 허무와 헛됨을 걷어내고 거기에 해 위의 삶의 의미로 채운다. 이것이 의미하는 바, 해 위의 의미가 바탕이 되지 않은 해 아래의 삶은 필연적으로 허무와 헛됨으로 귀결된다는 것이다. 그런 이유로, 우리는 믿음 안에서 "높은 산이 거친 들이 초막이나 궁궐이나 내주 예수 모신 곳이 그 어디나 하늘나라"(찬송가 438장)라고 노래할 수 있다.

인생은 미완성, 그러나 하나님의 세계는 완성

1980년대 중반에 히트를 쳤고 아름다운 가사 상을 받기도 했던 이진관 씨의 〈인생은 미완성〉이란 노래가 있다. 그 가사는 참으로 아름답고 의미가 깊어서 아름다운 가사 상을 받기에 충분하다.

> 인생은 미완성 쓰다가 마는 편지 / 그래도 우리는 곱게 써가야 해. 사랑은 미완성 부르다 멎는 노래 / 그래도 우리는 아름답게 불러야 해.
> 사람아 사람아 우린 모두 타향인 걸 / 외로운 가슴끼리 사슴처럼 기대고 살자.
> 인생은 미완성 그리다 마는 그림 / 그래도 우리는 아름답게 그려야 해.
> 인생은 미완성 새기다 마는 조각 / 그래도 우리는 곱게 새겨야 해.

이 노랫말이 말하듯이, 해 아래에서 우리 인생은 쓰다가 마는 편지처럼 미완성이다. 그럼에도 우리는 계속해서 곱게 써가야 한다. 왜냐하면 우리에게는 완성될 하나님의 구속 세계가 있기 때문이다. 우리는 그 세계를 바라보면서 오늘도 해 아래에서의 우리의 미완성의 삶을 충실하게 써가야 한다.

해 아래에서 우리의 사랑은 부르다 마는 노래처럼 미완성이다. 그렇지만 우리는 계속해서 아름답게 불러야 한다. 왜냐하면 우리를 향한 하나님의 사랑은 완전하며 영원하기 때문이다. 항상 있을 사랑을 마음에 품고 우리는 계속해서 우리의 사랑의 노래를 아름답게 불러야 한다.

해 아래에서 우리 인생은 그리다 마는 그림처럼 미완성이다. 그렇지만 우리는 계속해서 아름답게 그려야 한다. 왜냐하면 우리에게는 장차 분명하게 나타날 아름다운 본향에 대한 그림이 있기 때문이다(계 21-22장). 우리는 본향에 이르기 전까지 하나님과 함께 우리 인생을 아름답게 그려 가야 한다. 인생의 시간 위에 가을 풍경화처럼 아름답게 그려야 한다.

해 아래에서 우리 인생은 새기다 마는 조각처럼 미완성이다. 그렇지만 우리는 계속해서 한 면 그리고 또 한 면 정성스럽게 곱게 새겨야 한다. 왜냐하면 언젠가 조각된 우리들 삶의 모습이 분명하게 그대로 드러나게 될 것이기 때문이다.

하나님의 사람들에게 이 세상은 하나님이 지으신 세상이지만 우리의 본향은 아니다. 우리의 본향은 "하늘에 있는 것"이다(히 11:16). 그래서 우리가 본향에 이를 때까지 이 세상에서 순례자로 살아간다. 그로 인해 우리는 외로움을 느낄 수 있다. 때문에 본향을 향하여 가는 사람들은 서로 기대고 친구가 되어주면서 살아야 한다. 때론 고난도 만날 수 있다. 때문에 본향을 향하여 가는 사람들은 서로 위로하고 격려하고 힘이 되어주면서 살아야 한다. 성서는 그런 사람들을 신앙 공동체라고 부른다. 하나님의 사람들로서 우리는 혼자가 아니다. 그래서 우리는 하나님과 함께 우리 인생을 써가되 다른 신앙인들과 "함께" 써가야 한다. 서로 기대고 의지하고 보살피고 도와주면서 그렇게 해야 한다.

전도자가 말하는 것처럼, 인생은 헛될 수 있다. 그 삶에 하나님이 없다면 말이다. 그러나 의미가 있을 수도 있다. 그 삶에 하나님이 계시다면 말이다. 그것은 우리의 선택에 달렸다. 그래서 전도자는 각각 이렇게 말했던 것이다. "헛되고 헛되며 헛되고 헛되니 모든 것이 헛되도다 해 아래에서 수고하는 모든 수고가 사람에게 무엇이 유익한가"(1:2-3). "일의 결국을 다 들었으니 하나님을 경외하고 그의 명령들을 지킬지어다 이것이 모든 사람의 본분이니라"(12:13).

하나님을 경외하며 사는 지혜로운 사람은 "위로 향한 생명 길"(잠 15:24)로 걷는다. 그 길은 예수 그리스도가 걸은 길이며, 그분이 요한복음 14장 6절에서 "내가 곧 길이요 진리요 생명이니 나로 말미암지 않고는 아버지께로 올 자가 없느니라"고 말씀하셨을 때 의미했던 예수 그리스도 자신인 길이다. 그 길을 걸어가는 사람은 복되다. 그것은 하나님 나라에서의 영원한 삶과 하나님의 영광에 참여하는 길이기 때문이다.

끝으로, 이렇게 기도한다. 하나님! 해 아래에서 우리 모두 하나님과 동행하는 삶을 통해 해 위의 삶을 바라면서 헛되고 헛될 수 있는 매일 매일을 의미와 희망으로 충만하게 채워가는 복된 인생길이 되게 하소서. 아멘.

해 위의 삶

· 초판 1쇄 발행 2019년 9월 25일

· **지은이** · 박민희
· **펴낸이** · 민상기 **편집장** · 이숙희 **펴낸곳** 도서출판 드림북
· **인쇄소** · 예림인쇄 **제책** · 예림바운딩 **총판** · 하늘유통(031-947-7777)
· **등록번호** 제 65 호 · **등록일자** 2002. 11. 25.
· 경기도 의정부시 가능1동 639-2(1층)
· Tel (031)829-7722, Fax(031)829-7723